Color diagnostic and skeletal style

人気パーソナルスタイリストの法則は

カラー診断×シルエット診断＝似合う服

似合う服の法則で ずるいくらい 美人に なっちゃった!

○×商事
はあ〜…
こ先。ハイ
どうしたん
ちょいダサ OL
こずえ
おしゃれな後輩
みかこ
実は私…彼氏にフラれて…
えっ!!
どよよん
どうして？ケンカでもしたんですか
いや それがね
ばーーん
私の服がダサいって！
オバさんくさいってて
えっ
あんまりな理由でしょ〜
おーいおいっ
とりあえず飲みに行きましょう
えーと

ガヤ
パクパク
くそー
くやしい…
また
新しい恋も
できますよ
フラれたあと
婚活パーティーにも
行ったんだけど
映画が
好きで…
僕も！
こんにちは
はじめまして！
ポツン…
ワイ
気がつけば
壁の花…
ワイ
私の何が
いけないの～
顔はかわいい方
なのに～
わーっ
あの～
服装って
ハッキリ
してるけど
フフ。。。
ずいぶんと
お困りのようね

後輩たちの憧れ
ななみ先輩
先パイ!
まっまぶしいっ
私が呼んだんです
モヒートミント多めで
♡…
先パイ～私どうしたらいいですか?
わーん
よしよし
ダサいだなんてひどい男ね
でもその服はないと思う
服選びにはルールがあるの
例えばAを着ているとほめられて
ウフフ
ステキですね
Bを着ていると「体調悪いの?」って聞かれるってことない?
大丈夫?
えっ

確かに着る服で肌がきれいに見えたり反対にくすんで見えたりしますよね
あるあるですね
服なんて好きなものを選んで着てたけど
いつまでもそれじゃあうまくいかないわ
カギは色と骨格!!
ホ…ホネ!?
自分に似合う色とスタイルが何かを知れば
印象がグーンとよくなるのよ!!
私の知り合いに教えてくれる人がいるから
相談してみる?
ぜひっ!!
あっ大将エイヒレ追加!!
オヤジくさいのも直すといいかも

01 / COLOR

パーソナルカラー診断

02 / SILHOUETTE

シルエット診断

03 / CLOTHES

似合う定番服

CHARACTER

登場人物紹介

こずえ (28)

おしゃれが苦手なアラサー独身OL。最近「服がダサいから」という理由で、彼氏にフラられ、自信をなくしている。

ななみ先輩 (32)

こずえの会社の先輩で、憧れの存在。いつもおしゃれだけれど、昔はダサかったという噂もある。

みかこ (25)

明るく元気な、こずえの後輩。おしゃれが大好きで、雑誌を読んで、最新ファッションのチェックに余念がない。

マリ先生 (ヒミツ)

人気パーソナルスタイリスト。イマイチ垢抜けない女子に「似合う服の法則」を教えている。

レナ (28)

こずえの同級生。美人でスタイルもいいけれど、なぜかモテない。知人の間では「残念な美人」と呼ばれている。

第1章

パーソナルカラー

肌や髪、瞳など生まれ持った色と調和する「パーソナルカラー」を知れば誰でも美人になれます。自分に似合う色を取り入れることで、あなたの新たな魅力に気づくでしょう。

COLOR

ここがサロンよ
Salon
ピンポーン
ドキドキ
はじめまして
ようこそ♪
キラキラ
パーソナルスタイリストの
きれいな人だな〜
ん〜‥
スキャン中
ピピピピ‥
35点!
残念!!
えっ
先生は瞬時にその人に似合ってる度を出すのよ〜
でもいいんだから安心して
わ…私のなにが…
35点
ヨロリ〜…
ズバッ
あなたにクール系は似合わないわ
そうなんですか!?

雑誌を見ながら ななみ先パイのマネを してみたんですが…
先パイは 似合うのに…
フフ
誰かに似合うものが 自分にも似合うとは 限らないのよ
大事なのは 流行や好き嫌いでなく 自分をきれいに 見せてくれる服を選ぶ ことなの
① 自分に似合う色
② 自分に似合う テイストや素材
これを基準に 服を選べばいいのよ
今日は色の話を しましょう！
こずえさんは どんな色の服が 多いですか?
えーっと…
グレーや ブルー系かな
この あたりの色ね

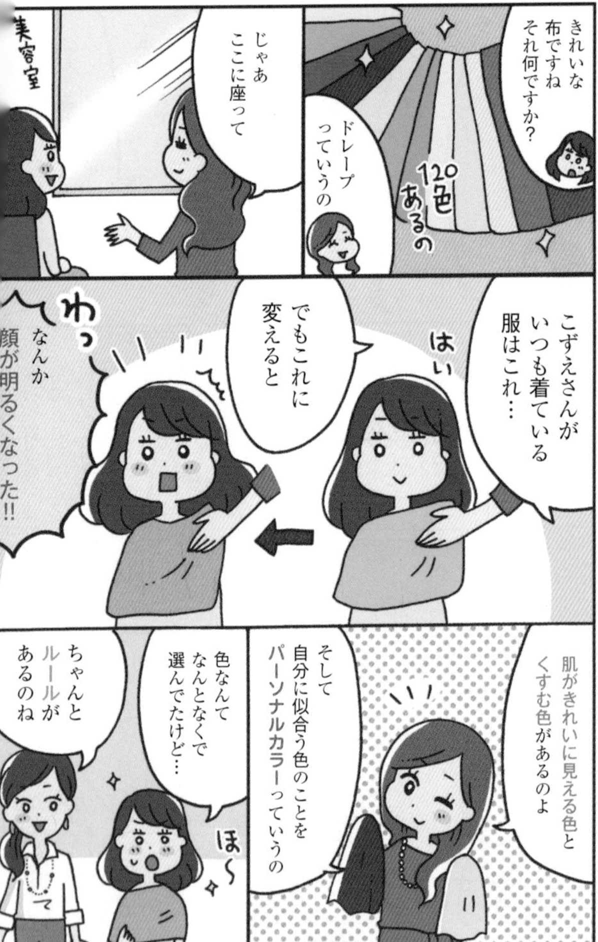

きれいな布ですね それ何ですか?
ドレープっていうの
120色あるの
美容室
じゃあ ここに座って
こずえさんがいつも着ている服はこれ…
はい
でもこれに変えると
わっ
なんか顔が明るくなった!!
肌がきれいに見える色とくすむ色があるのよ
そして自分に似合う色のことをパーソナルカラーっていうの
色なんてなんとなくで選んでたけど…
ほ〜
ちゃんとルールがあるのね

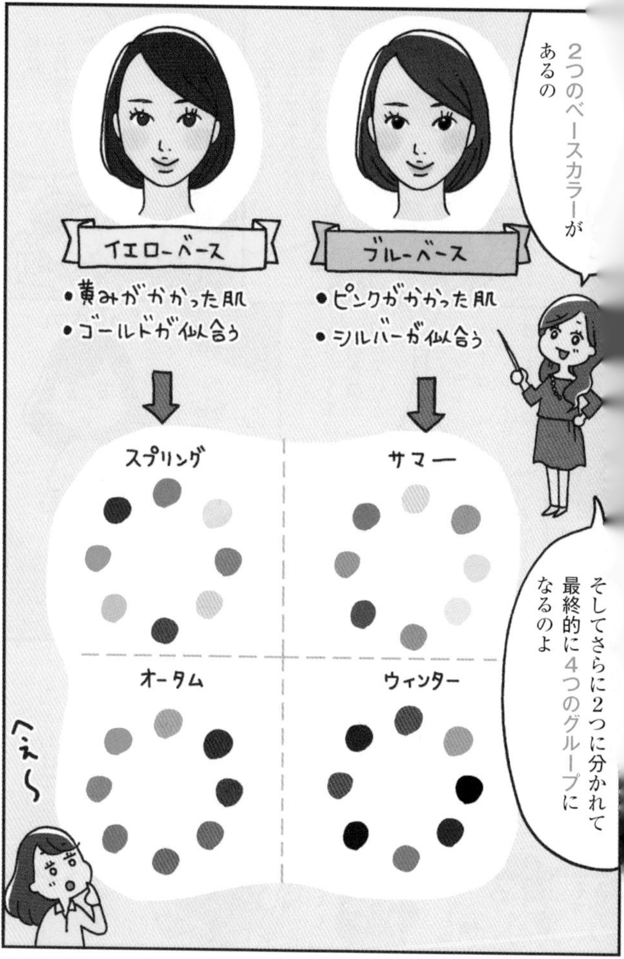
2つのベースカラーがあるの
イエローベース
・黄みがかかった肌
・ゴールドが似合う
ブルーベース
・ピンクがかかった肌
・シルバーが似合う
スプリング
サマー
オータム
ウィンター
そしてさらに2つに分かれて最終的に4つのグループになるのよ
へえ〜

私は8月生まれだから…
夏？
誕生日は関係ないわ
さっきみたいにドレープをあてて調べてみましょう
さぁ！メイクを落として素肌で
メイクおとし
ピンク系はコレ
ブルー系はコレ
イエロー、グリーン系はこの色調が似合うわよ
パーソナルカラーはカラーシートを使っても見つけられるわ
くわしくはP198～
というわけでこずえさんはスプリング！
ースプリングの人はー
キュートで華やか
透明感のある
明るい色が似合う
え～
よかったね
モテ色だよ

オレンジなんて
着たことないし…
あんまり
好きじゃない
い…
オータム
似合う色と
好きな色が違うことも
あるわよ
私もそうよ
そういうときは
似合う色は顔まわり
だけに使って
トップス
ストール
似合う色
ボトムス
好きな色は
顔から遠い
ボトムスに使えばいいの
似合わないけど
好きな色
パーソナルカラーは
全身に使わなくて
いいけど
似合う色は
味方にした方がトクよ！
味方かぁ…
そう思ったら
ちょっと
好きになってきた
ピンク
LOVE
調子
いいんだから

誰でも美人に見える
パーソナルカラー

似合う色を着ると美人になれる!?

「かわいい」と思った服でも、実際に着てみるとしっくりこなくて「自分にはセンスがないの？」と落ち込むことがありませんか？　服選びに失敗する理由は、服の色のせいかもしれません。似合わない色の服を着ると、肌がくすんで見えたり、服だけが浮いてちぐはぐな印象になったりします。そんなときは、似合う色の服に変えるだけで、肌の透明感がアップし、瞳もキラキラ輝き、髪もツヤやかでやわらかく見えます。

　このように、色ひとつで印象は大きく変わるもの。自分に似合う色がわかれば、似合う服を選ぶ手助けになるのです。

誰にでも魅力を引き出す色がある

似合う色とは、自分の肌、瞳、唇、髪の色などと調和し、自分の魅力を高めてくれる色のこと。これをパーソナルカラーと言います。

パーソナルカラーの入った服を身につけると全身の雰囲気があがります。そのため、まわりの人に好感を持たれやすく、第一印象で得することも多くなります。パーソナルカラーがわかれば、買ったものの着ないままタンスの肥やしになるなど、無駄な服を選ぶことがなくなり、自分に似合うものを自信を持って選べるようになります。

似合う色の効果

合う色を顔まわりに使うことで、肌や顔の輪郭の見え方、目の
象などが大きく変わります。

似合う色を着ると……

- 血色よく見え、健康的な肌色になる
- 肌にツヤと透明感が出る
- ニキビやシミ、シワなどの肌トラブルが目立たなくなる
- フェイスラインがすっきり見える
- 自然な陰影ができ、目の下や口元の影が目立たなくなる
- 瞳がイキイキし、髪はツヤやかに見える

似合わない色だと……

シミやシワが目立ち、老けた印象。服も浮いた感じに

パーソナルカラー診断に挑戦！

パーソナルカラーは4つのグループがある

パーソナルカラーは黄みを含んだイエローベースと、青みを含んだブルーベースがあります。その中でさらにイエローベースはスプリング（春）、オータム（秋）、ブルーベースはサマー（夏）、ウインター（冬）のグループに分かれます。

それぞれのグループに属する色が何色かあり、それらがあなたのパーソナルカラーになるのです。

カラーシートを使ってパーソナルカラーを見つけよう

パーソナルカラー診断をプロが行うときは、ドレープと呼ばれる色布を使います。１００枚以上の色布を顔にあてながら、４つのシーズンの中でどのグループに属するか診断し、さらにグループの中でも特に似合う色を見つけ、色の使い方をアドバイスをするのが一般的です。

素人がプロ並みに細かく似合う色を見つけるのは難しいですが、この本のカラーシート（→Ｐ１９８～）を使えば、誰でも簡単にパーソナルカラー診断ができます。診断は顔にカラーシートを近づけて、顔の見え方をチェックするだけ。顔映りがよくなる色のグループがあなたのパーソナルカラーです。

診断をする前に

パーソナルカラーを正しく診断するために気をつけたいことや、準備しておきたいものがあります。

暖色系でなく
白色系
照明のところで
壁が白いとよりベター

正しく色を判断できる明るい部屋で行う

暗い部屋では正しい判断ができません。晴れた日に自然光が入る部屋もしくは、自然光に近い明るい照明の部屋で行いましょう。

健康な状態の素肌で判断する

素肌で診断するのが基本なので、必ずメイクを落としましょう。体調不良や寝不足など、顔色が悪いときは避けて。

健康なときにチェック

メガネやアクセサリーは外しましょう

大きな鏡と白い布を用意する

顔全体が見える大きな鏡を用意しましょう。着ている服が診断に影響しないよう、白いトップスを着たり、白い布を肩からかけます。

診断の手順

P198～のカラーシートを使いパーソナルカラーを見つけましょう。

※シートの下にスプリング（春）～ウインター（冬）のどのグループか書かれています。

ピンク系の色を
夏→秋→春→冬の順に見比べる

診断がしやすいピンク系の色でパーソナルカラーを見つけます。カラーシートを夏→秋→春→冬の順に顔にあて、顔映りがいい色がパーソナルカラーです。

迷ったら、ブルー系の色でも診断する

ピンク系で診断がつかなかった人は、ブルー系のシートを使います。夏→秋→春→冬の順に顔にあて、顔映りがいい色を選びます。

診断は感覚的なものなので、スマホなどで撮影して見比べるとわかりやすい。

顔映りがいいかの判断はココを見る

顔にあてると、顔映りがよくなる色が似合う色＝パーソナルカラーです。色によって変化する場所を見比べると判断しやすくなります。

似合う色

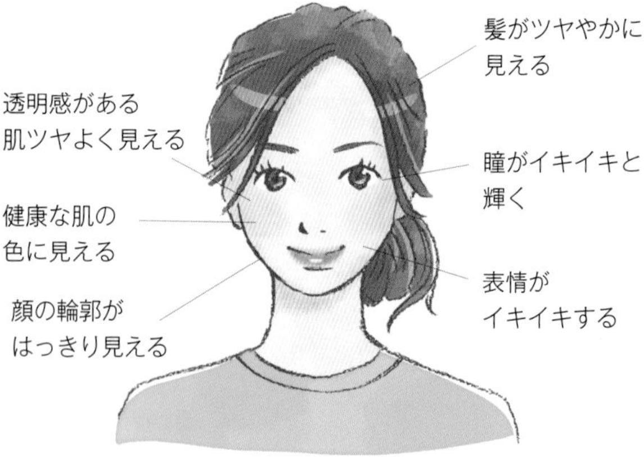
髪がツヤやかに
見える
透明感がある
肌ツヤよく見える
瞳がイキイキと
輝く
健康な肌の
色に見える
表情が
イキイキする
顔の輪郭が
はっきり見える

似合わない色

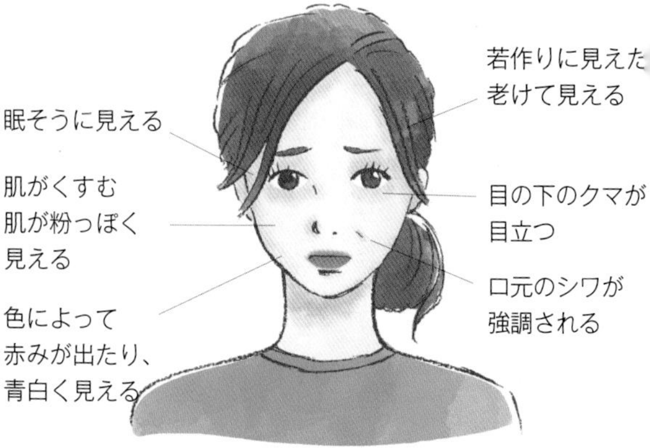
若作りに見えた
老けて見える
眠そうに見える
肌がくすむ
肌が粉っぽく
見える
目の下のクマが
目立つ
口元のシワが
強調される
色によって
赤みが出たり、
青白く見える

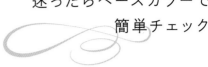

迷ったらベースカラーで簡単チェック

カラーシートを使った診断が難しい場合

カラーシートを顔にあてても、顔映りの変化がうまくわからなかったり、似合わない色はわかるけど、4色から一番似合う色の判断がつかないという人もいるでしょう。顔映りの良し悪しは感覚的なものですし、ひとりで選んでいるとつい好きな色を選びたくなることも……。

そんなときに頼りになるのは、友達や家族。どの色をあてると顔映りがよくなるか、複数の人から意見を聞いてみましょう。その際は好みやイメージではなく「客観的に見てどうか」ということを表現してもらうことが大切です。

迷ったらまずは ベースカラーを見つけよう

4つのシーズンのどれが合うかを判断しかねたら、2つのベースカラーでどちらになるかを診断してみましょう。

イエローベースの人はゴールドのアクセサリーやベージュ系の服、メイクはオレンジ系など黄みのある色が似合います。

ブルーベースの人はシルバーやプラチナのアクセサリーやグレーの服、メイクは青みのピンク系が似合います。

ベースカラーならカラーシートを使う必要もなく、4シーズンより簡単に判断できます。

カラーシートを使わない診断方法

や瞳の色で判断できます。正しく色が見えるよう、P24と同
ような準備をしましょう。

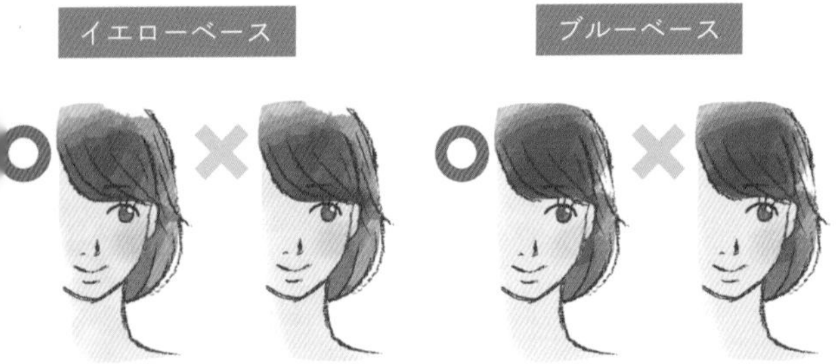

素肌にチークを塗る

オレンジ系と青みピンク系のチークを素肌に塗ります。オレンジ系が似合う人はイエローベース、ピンク系が似合う人はブルーベース。似合わない色はチークだけ浮いた印象になります。

リップも合わせて、オレンジ系、青みピンク系で比べてみるとよりわかりやすい。

イエローベース　　ブルーベース

瞳の色を見る

黒目が明るい茶色や深い茶色ならイエローベース、ブラックや赤みの茶色ならブルーベース。

白目と瞳の境目もチェックポイント。イエローベースの人は瞳との境目がわかりにくく、ブルーベースの人は境目がはっきりしています。

COLOR TYPE

スプリング

キュートで華やか
透明感のあるグループ

春に咲く花や新緑を思わせる明るくて華やかな色が似合うグループ。髪や瞳は明るい茶色、肌は色白で透明感がある人が多いのが特徴です。

フルーツのように鮮やかでみずみずしいオレンジやイエロー、青みの少ない明るいサーモンやコーラルピンクが似合います。寒色系は、鮮やかなアクアブルーや明るい紫がおすすめ。どれも目立つ色なので、色数は控えめにコーディネートしましょう。

かわいらしいイメージの人が多く、年齢より若く見られるせいか、いつまでも若い頃の服を着続けてしまうことも。大人っぽさを演出するには、ベージュやキャメルをベースにしてきれいな色を加えたり、ベージュのワントーンコーデにゴールドのアクセサリーを合わせるのがおすすめです。

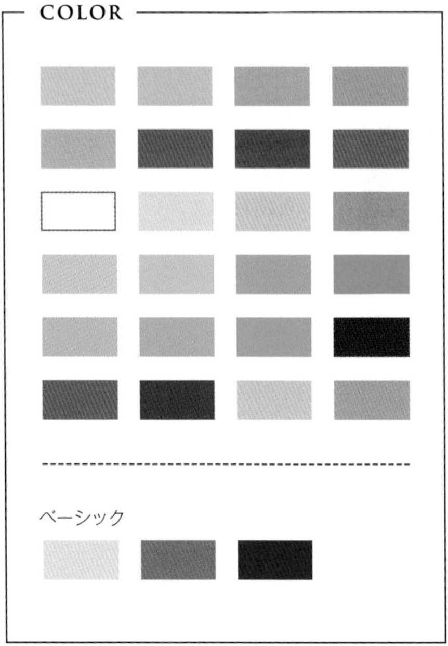

華のあるカラーで
かわいく上品な女性に

女性らしさを象徴する鮮やかなピンクやオレンジが似合います。鮮やかな色を多用すると幼く下品な印象になるので、色数は抑えて。

ベーシックカラーのコーデに鮮やかなカラーを少量加えると、大人かわいい雰囲気になります

NG

にごった色は
老けて見える

明るい色でも、オータム（→ P42 ～）のようなスモーキーカラーを使うと、持ち前の透明な肌がくすんで、老けた印象になります。

COLOR TYPE

サマー

パステル調の涼しげな色や明るくスモーキーな色が似合う

夏に涼しさを感じる、パステル調の色がそろったグループです。髪や瞳は明るい赤みのある茶色や淡い黒、肌は明るいピンク系の人が多いでしょう。

ラベンダーや淡いローズピンク、グレーがかったスモーキーブルーなど、上品で女性らしい色が多いのですが、多用すると幼く甘い印象になってしまいます。トップスにラベンダーやミントグリーンなど明るい色を持ってきたら、ボトムはグレーやネイビー、もしくは白を合わせるとバランスがとれます。

また、秋冬はサマーの得意なパステルカラー系の色が店頭に並ばなくなります。そんなときは、グレー系で統一するのがおすすめ。他のタイプも同様ですが、服などで自分に似合うカラー展開がない場合はベーシックカラーを基準にして選びましょう。

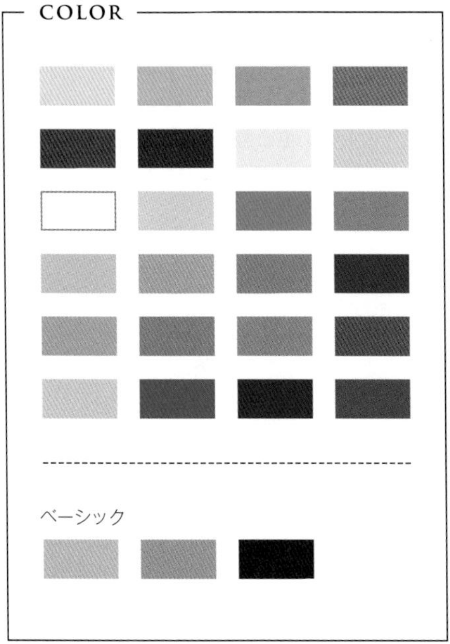

繊細でソフトなカラーでエレガントな女性に

涼やかなブルーや上品なラベンダーなど、品のある色が多いのが特徴。知的だけど、やわらかく優しいイメージの服が似合います。

ベーシックカラー中心のコーディネートに差し色としてパステルカラーを使うと効果的

NG

オレンジ系は疲れた印象に

黄みの強い色や、鮮やかな原色を着ると顔に影ができ、疲れているように見えます。着たいときはボトムなど、顔から離れた場所で使いましょう。

COLOR TYPE

オータム

ナチュラルで温かみのある色、深みのあるシックな色が得意

秋の紅葉を連想させるオレンジや、ブラウンをはじめとした深みのあるアースカラーなど、シックで落ち着いた色がそろったグループ。髪や瞳は深みのある黄みのブラウンで、頬は赤みが少なく、陶器のようにツルっとした黄みの肌をした人が多いのが特徴です。

大人っぽい深みのある色が似合うのはオータムだけ。シックな大人の装いが似合いますが、カジュアルにしたいときは、カーキや迷彩柄を取り入れたラフコーディネートがおすすめです。

ベージュ、ブラウン、カーキなどのベシックカラーのみだと、落ち着きすぎて地味になってしまうことも。ペッパーレッドやオレンジの小物を加えると、華やかな印象になります。肌になじみやすいゴールドのアクセサリーを合わせると、女性らしさがアップします。

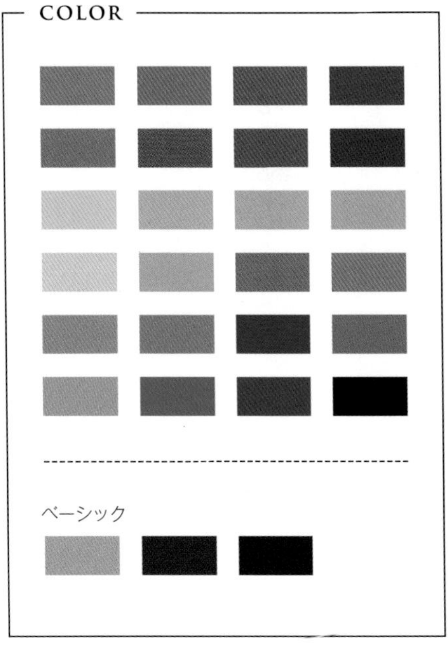

深みのある大人カラーでゴージャスな女性に

リッチ＆シックなイメージのオータム。ベーシックカラーだけでまとめれば大人の雰囲気。

シンプルなファッションでもゴージャスなオータムなら地味にならずに着こなせます

NG

青みの強い色は
きつい印象に

青みが強い色が苦手。鮮やかすぎる色を使うと、顔がきつく見え、色だけが浮いてしまいます。苦手な色は顔の近くに使うのは避け、分量は控えめに。

COLOR TYPE

ウインター

華麗なヴィヴィッドカラーや暗くて鮮やかな色が似合う

ブルーが強く入った深い色や、原色などの鮮やかな色が似合うグループ。太くツヤやかな黒髪、瞳も深みのある黒で白目との境目もくっきりしています。抜けるような白い肌か、ピンク系の赤みのある肌色の人が多く、存在感のある美女が多いのが特徴です。

情熱的な赤や青みの強いピンク、エメラルドグリーンやパープルなど、ドラマチックな色を着るとミステリアスな美しさが引き立ちます。ただし、鮮やかな色を多用すると派手すぎて下品になるので、色数は抑えましょう。

また、鮮やかな色だけでなく、シンプルなモノトーンのコーディネートも得意。モノトーンに物足りなさを感じたら、差し色にショッキングピンクのクラッチを合わせるなど、ヴィヴィッドカラーの小物を組み合わせるのも素敵です。

COLOR

ベーシック

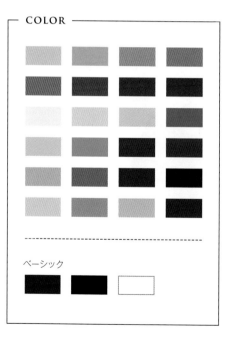

ヴィヴィッドな色で
ミステリアスな女性に

モノトーンなど、コントラストのはっきりしたコーディネートが似合います。ビビッドな色をアクセントに使うと、美人度がアップ！

インパクトのある色も、ウインターの人なら華やかに着こなせます

NG

淡い色は
さえない印象に

ナチュラルなベージュやブラウンなどを着ると、やぼったく見えます。着る場合は顔まわりに似合う色を使って、全体のバランスを整えましょう。

苦手な色を着こなす 4つのポイント

好きな色は上手に取り入れよう

パーソナルカラーはわかったけれど、「好きな色じゃなくてがっかり」「好きな色は着られないの？」という人もいるでしょう。そんなときは、苦手な色を着ても魅力的に見せる着こなしをしましょう。

①苦手な色は顔から離れた場所に使う

似合わない色が顔の近くにあると、顔色が悪くなるなどマイナスの印象をつくります。しかし、顔の近くに置かなければ苦手な色は着てもいいのです。好きだけど似合わない色はスカートやパンツなどのボトムスに使いましょう。

②トップスに使う場合は　胸元を開ける

トップスに苦手な色を使いたいときは、Vネックのデザインを選びましょう。胸元を開けて、苦手な色を顔から遠ざけるのです。シャツは襟元のボタンを開ければ、Vネックと同じ効果が生まれます。

Tシャツ
×
サングラスで
Vネックが
できるわよ!

③パールのネックレスで顔映りをよくする

パールのネックレスは光を集め、顔映りをよくする効果があります。似合わない色を顔まわりに使うときは、パールの力で光を補いましょう。イエローベースは、黄みのパール、ブルーベースは、純白やピンクパールがおすすめです。

④他のシーズンから似合う色を探す

サマーとオータム両方が似合うなど、似合うカラータイプ

明るさ、鮮やかさ、色の濃さに注目して似た色を探そう！

を2つ持っている人も多くいます。その理由は4シーズンの共通点。色の鮮やかさに注目すると、「強さがあり鮮やかなスプリングとウインター」「やわらかくくすんだサマーとオータム」という2つのグループに分かれます。このグループ内なら、似合う色の組み合わせもいくつか見つかるでしょう。

他のシーズンから似合う色を見つけるには、自分のシーズンとその他のシーズンの付録カラーパレットを見比べましょう。似た色がいくつかあるはずです。着てみたい色があったら試してみましょう。

おはよ〜
おはようございます
わっ こずえさん 雰囲気変わりましたね
似合う色を教えてもらってからいろいろ試してるんだ〜
ストールを選んだり
え〜と
新しい色にチャレンジ
アクセサリーはシルバーよりゴールド
へえ〜
いいな〜 私も行きたい
週末はメイクの色を教えてもらおうと思って
ウフ
一緒に行く?
ぜひっ!!

よろしくお願いしまーす
わ〜っ メイク用品がいっぱーい!
私 この色 好き!
好きと似合うは違うんだよね〜
え?
そうね メイクも服と一緒
例 パーソナルカラーがスプリングなら…
○ピーチ系メイク
肌の透明感UP!
×ブルー系メイク
クマやシワが目出っ
自分に似合う色でメイクをすると魅力がアップするのよ
色を変えるだけでくすみが消えたり小顔に見えたり…
今すぐ教えてください!
やる気だ
ガタッ
じゃあ 2人とも手を出してみて
手?

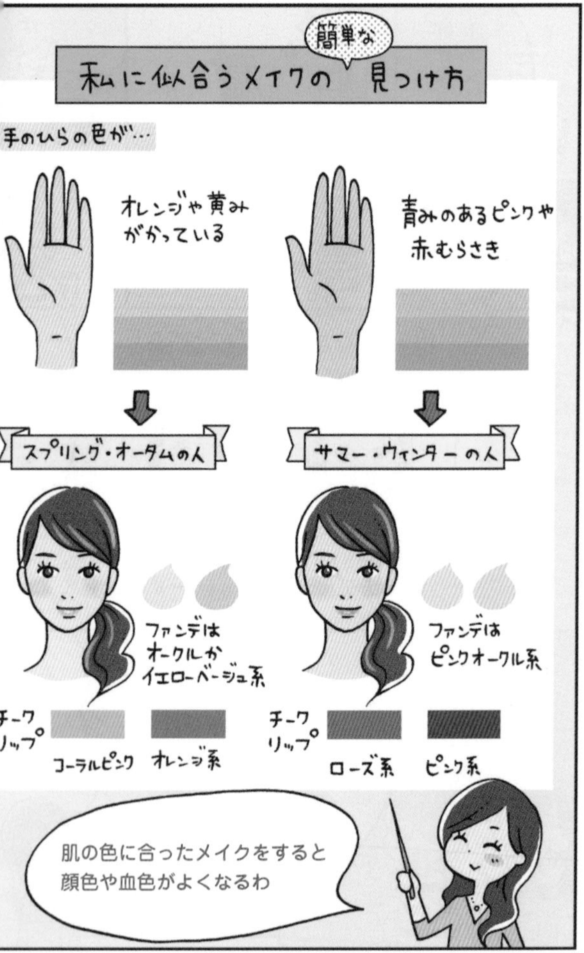
簡単な
私に似合うメイクの見つけ方
手のひらの色が…
オレンジや黄み
がかっている
青みのあるピンクや
赤むらさき
スプリング・オータムの人
サマー・ウィンター の人
ファンデは
オークルか
イエローベージュ系
ファンデは
ピンクオークル系
チーク
リップ
コーラルピンク
オレンジ系
チーク
リップ
ローズ系
ピンク系
肌の色に合ったメイクをすると
顔色や血色がよくなるわ

黄みの肌なのに ピンクベージュの ファンデ使ってた～
似合わない色を 使うと 老けて見えたり するわよ
こずえちゃんは イエロー系の ファンデにして…
アイメイクは ピンク系で…
変わった!
BEFORE
どんより…
AFTER
ベースメイクが 似合う色だと アイメイクも 引き立つの
でもいろんな色が ありすぎて…
商品の数も多いし 色の名前もメーカーで違うし…
素肌に塗って 比べるのよ
顔と首の境目 に試し塗りし てみて!
よ～し! さっそく やってみよ～!!
お～っ!!
…盛りすぎは ダメね…
きゃっ
きゃっ

自分に似合う色のヘアメイクで魅力アップ

似合う色を使ったメイクで劇的に美しくなる

コスメ売り場には商品がたくさんあります。その中から「好き」で選んだ色が、実際に使ってみるとやぼったく見えたり、雑誌のおすすめ商品を使っても、しっくりこないことがあるかもしれません。

でも、パーソナルカラーで自分の肌や瞳に合う色がわかっていれば、自分の魅力を引き立たせるメイクが簡単にできます。似合う色でメイクをすれば、肌がしっとりツヤやかに見え、瞳もキラキラと輝きます。くすみなどのマイナスをカバーするとともに、「かわいくしたい」「クールにまとめたい」など、シーン別でどんなメイクをすればいいかもわかります。

顔のベースとなる ファンデーション選びが大切

カラーを活かしたメイクで重要なのは、ベースとなるファンデーション選びです。ファンデーションの色が素肌と違うと、それだけで違和感が生まれて、その上にどんなに似合うメイクをしても効果を発揮できません。

ファンデーションを買うときは顔と首の境目に試し塗りをして、素肌に自然になじむものを選びましょう。

パーソナルカラーに合わせたヘアカラーで印象アップ！

メイクと同様に注目したいのが、ヘアカラーです。顔の額縁となる髪の色は、顔の印象を左右する大事なポイント。パーソナルカラーに合わせたヘアカラーを選ぶと、髪も肌もツヤやかに見え、美人度がアップします。逆に合わない色を選ぶと、派手な印象になったり、髪が傷んで見えることもあります。

マイナスの効果を生むNGカラーに注意！

イエローベース（スプリング&オータム）の人は肌が黄み

によっているので、青みの強いピンク系のチークやリップ、真っ白いハイライトをつけると顔色がくすみます。ヘアカラーは黒髪にすると重たい印象になったり、違和感を感じます。

ブルーベース（サマー&ウインター）の人は色白だったり、ピンクや赤みのある肌をしているので、黄みの強いオレンジ系のメイクをすると色が浮いて見えます。ヘアカラーは茶髪や金髪にすると派手で品のない印象になります。

HAIR & MAKE
スプリング

キラキラ輝くパール入りアイシャドーやグロッシーなリップを使うと、持ち前の華やかさが引き立ちます。色だけでなく輝きや質感にもこだわりましょう。

透明感とツヤ感のある
キュートなメイクが◎

ツヤのある肌になじむ、ベージュやオレンジ系の色が似合います。リップはコーラルピンクが、血色よく見せてくれます。うるおいのある質感が似合うので、グロッシーなものを選びましょう。ヘアは明るい茶色がおすすめ。明るい色を選ぶと、かわいらしくまとまります。

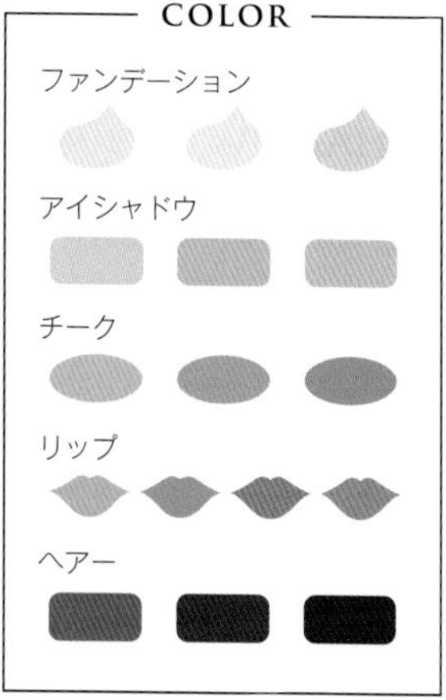

EYE SHADOW アイシャドウ

クールに見せたいときは、黄みの肌と相性がいいグリーン系を選びましょう。華やかさを演出するならピンク系、ナチュラルメイクはベージュ系がおすすめ。

グリーン系

ハイライト　メイン　締め色

ピンク系

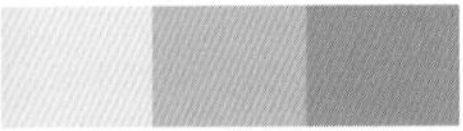

ハイライト　メイン　締め色

ベージュ系

ハイライト　メイン　締め色

HAIR ヘアカラー

イエローブラウン

イエロー系でも若作りした印象にならず、キュートにまとまります。濃いめのカラーにするなら、ピンク系やチョコレートブラウンがおすすめ。クリアな色が似合うので、アッシュ系を選ぶと肌がくすんで見えます。

ミルクチョコレート

チョコレートブラウン

HAIR & MAKE
サマー

エレガントで上品な印象のサマー。青みのあるパステルカラーを使うと、透明感がアップ。青みのあるピンク系なら女らしい雰囲気にまとまります。

透けるツヤ肌に
青みカラーでエレガントに

色白な肌には、青みのあるパステル調の色が似合います。

薄い水色やラベンダーのアイシャドウを使うと、エレガントさがアップ。リップは青みがかったピンクだと美人度が上がり、シアーなピンクならかわいい雰囲気に。細かいパールを使うと上品にまとまります。

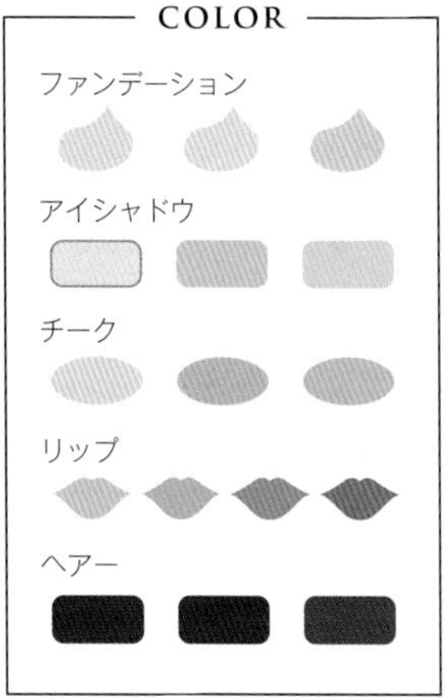

EYE SHADOW アイシャドウ

淡いブルー系を使った、清涼感のあるアイメイクが似合います。色数は増やさず、同じ色のグラデでまとめると◎。質感は、マットな方が肌になじみます。

ベージュ系

ハイライト　メイン　締め色

ピンク系

ハイライト　メイン　締め色

ブルー系

ハイライト　メイン　締め色

HAIR　ヘアカラー

暗めのカラーを持ってきても、透明感があるのが特徴。アッシュ系のくすんだ色を使うと、明るいカラーでも上品に仕上がります。オレンジ系の明るい色は、髪がパサついて見えてしまうので注意。

ココアブラウン

ピンクブラウン

グレージュ

HAIR & MAKE
オータム

オータムのシックで大人な雰囲気に、ゴールドやオレンジを使ったゴージャスなメイクが似合います。ラメ入りを使うなら粒子が細かいものを選ぶと品よくまとまります。

ゴージャスな雰囲気に合う
大人カラーでシックに

ゴールドやオレンジなど、黄みを含んだ深みのある色のメイクが似合います。アイカラーはベージュを基調としたオレンジが肌を美しく見せます。チークは落ち着いたオレンジ系を使うと、知的な雰囲気に。リップは深みのある色もヌーディーカラーも似合います。

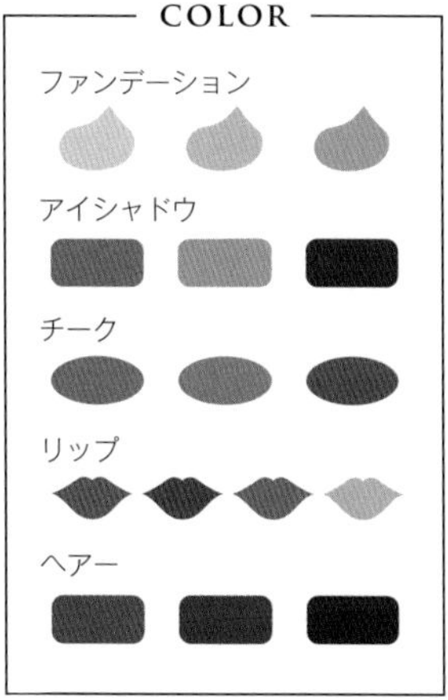

EYE SHADOW アイシャドウ

ゴールド系やブラウン系の大人っぽいアイメイクが似合います。ハイライトは白っぽいパールではなく、ゴールド系の方が瞳の色と調和します。

オレンジ系

ハイライト　メイン　締め色

グリーン系

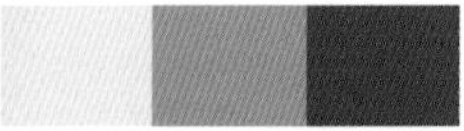

ハイライト　メイン　締め色

ブラウン系

ハイライト　メイン　締め色

HAIR　ヘアカラー

暗くスモーキーで、落ち着いた色が似合います。オレンジブラウンは明るい印象、カーキは大人の雰囲気にまとまります。黄みが強い肌なので、髪色が明るすぎると肌がくすんで見えてしまうこともあります。

オレンジブラウン

カーキ

コーヒーブラウン

HAIR & MAKE
ウインター

口紅は鮮やかなレッドやボルドーなど、大胆な色も難なく似合うので挑戦してみましょう。鮮やかな色は１パーツにして、他は落ち着いた色みにするとエレガントにまとまります。

ツヤやかな肌に
青みを含んだ深い色で美しく！

目ヂカラが強い人が多いので、アイメイクの色数は少なめに。ブルー系のアイシャドウを使うと、肌の透明感が引き立ちます。チークとリップは、キュートに見せるならピンク系、クールならボルドー系がおすすめ。青みのあるもので、ツヤがあり、にごりのない色を選んで。

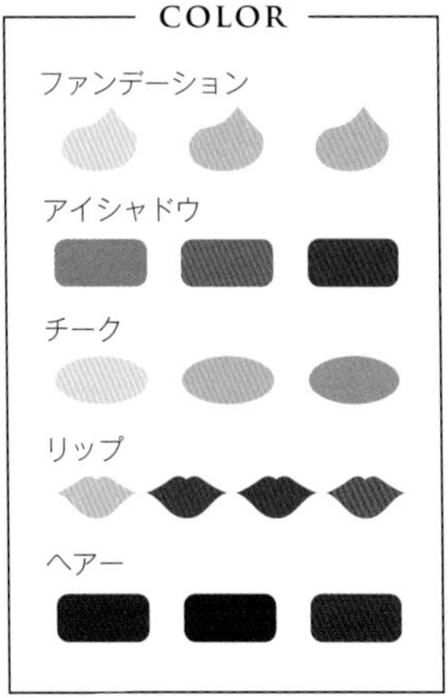

EYE SHADOW アイシャドウ

透明感がアップするブルー系や深みのあるネイビーで、ドラマチックな目元がつくれます。色数を抑えて単色をグラデ使いするのもおすすめ。

シルバー系

ハイライト　メイン　締め色

バイオレット系

ハイライト　メイン　締め色

ネイビー系

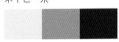

ハイライト　メイン　締め色

HAIR ヘアカラー

黒髪が品よく似合い、グレーがかった
アッシュ系などの暗い色が得意。顔色
が悪く見られがちな人は、赤みを感じ
る色を選ぶと肌の血色がアップします。
金髪にすると髪が傷んで見え、下品な
印象を与えます。

パープル

ブラック

ボルドー

コンプレックス解消メイク：眉

は顔の印象を決める重要なパーツ。
り方と道具で、理想の眉を作りましょう。

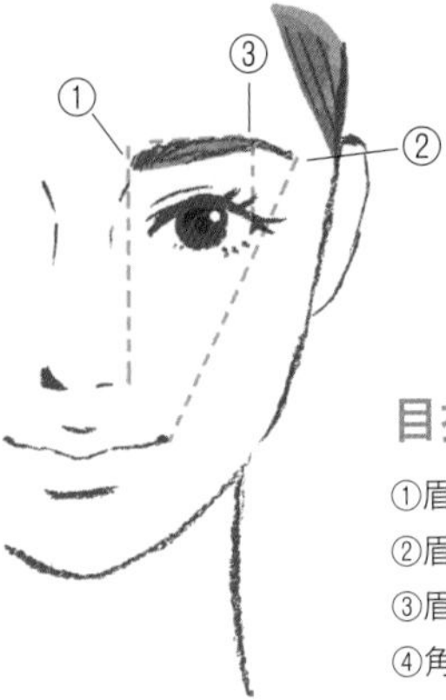

目指すのはこの美人眉！

①眉頭は小鼻の膨らみの延長線上
②眉尻は口角と目尻の延長線上
③眉山は白目の終わりの真上
④角度はつけず水平ぎみに

［おすすめカラー］

イエローベース…イエローブラウン系
ブルーベース…ピンクブラウン系

第2章

シルエット診断

骨の太さや筋肉、脂肪のつき方を基準とした診断で骨格タイプを知れば、誰でもセンスアップ！タイプ別の似合うファッションを取り入れると着やせ効果も抜群で美人度も上がります。

SILHOUETTE

今日は先生と一緒にショッピング
この色がいいわよ〜
へえ〜
あれ？こずえ？
あっレナ！
大学時代の友達で〜
まり先生はパーソナルスタイリストで…
うふふ
ええっ
なに？ アンタモデルみたいじゃん
どんな服が似合うかアドバイスしてもらってるんだ
レナは？
フ…
私は週末の合コンに着ていく服を
モテ服でいいオトコゲットするわよ！
オホホ
フェミニ〜ン
レナはスタイルいいからなんでも似合うよねー
それこそモデルみたいだし〜
…でも
ピピピピ…

スタイルは似合わないかも…
ガーン
グッサー
ええっ!!?
大丈夫!?
生きてる
サーっ
ごめんね
私
正直だから…
うう… で、でも…
ほんとは… わかってたの
フリフリの服を着てると…
ヒヒヒ
レナちゃん今日も女装?
友達や会社の人にからかわれてたから…
大丈夫
ぽん
あなたにはあなたの似合う服があるわ…
女神様?
そのためには骨格を調べるのよ
えっ

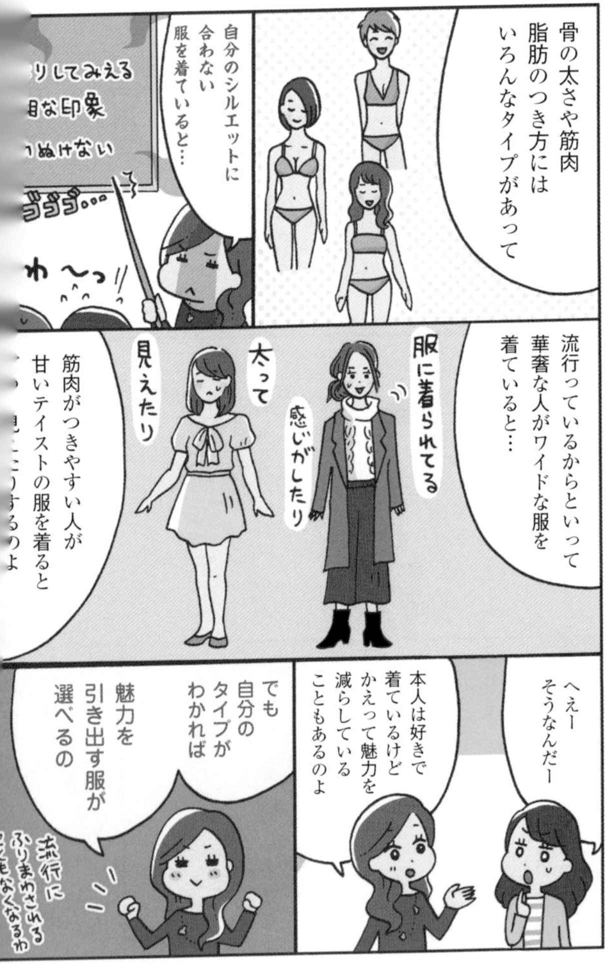
骨の太さや筋肉
脂肪のつき方には
いろんなタイプがあって
自分のシルエットに
合わない
服を着ていると…
…りしてみえる
…的な印象
…ぬけない
ゴゴゴ…
わ〜っ!!
流行っているからといって
華奢な人がワイドな服を
着ていると…
服に着られてる
感じがしたり
太って
見えたり
筋肉がつきやすい人が
甘いテイストの服を着ると
へえー
そうなんだー
本人は好きで
着ているけど
かえって魅力を
減らしている
こともあるのよ
でも
自分の
タイプが
わかれば
魅力を
引き出す服が
選べるの
流行に
ふりまわされる
こともなくなるわ

3タイプあるわ
上半身と下半身が違う人もいるの
筋肉のある体つき
きゃしゃな体つき
スラッとした体つき
メリハリタイプ
上品スタイルが似合う
ソフトタイプ
女性らしいスタイルが似合う
スレンダータイプ
カジュアルスタイルが似合う
へぇ〜
鎖骨や腰の高さ胸板の厚さなどでチェックできるわ
①鎖骨 見える？太い？
②足 長い？
③胸板 厚い？
私の鎖骨どう？
あんまり目立たないわねぇ
さっそくやってるわね

骨格タイプを知れば
誰でもおしゃれ上手

シルエットによって似合う服が違う？

雑誌に載っているコーディネート通りに着ているのに、なんだか垢抜けない。いつもより太って見えたり、貧相に見えたり…。それは、自分のシルエットに合わない服を着ているのが原因かもしれません。骨の太さや筋肉・脂肪のつき方は一人一人違い、それによって似合う服のテイストも変わります。

例えば、なで肩で華奢な人はかわいらしい服が似合い、グラマラスでメリハリのあるボディの人は、キリッとしたいい女風のファッションが似合います。その逆をしてしまうと、自分の体型と服が調和せず、ちぐはぐした雰囲気になってしまうのです。

デザインやテイストだけを見て服を選ぶと、自分の骨格に合わず、マイナスな印象になることも……。カラーと同じで、服のテイストも自分に似合うものを選ぶことが大切です。

自分の骨格タイプを知れば誰でもおしゃれ上手に

シルエット診断では、3つの骨格タイプに分けます。筋肉質で体にメリハリがある欧米型ボディは「メリハリタイプ」、華奢で女性らしい、やわらかな体つきは「ソフトタイプ」、骨格がしっかりしてスラッとしたボディは「スレンダータイプ」になります。

自分のタイプがわかれば、それに似合う服のテイスト、形、素材、柄、アクセサリー、靴、バッグなどもわかります。
自分のタイプに合う服や小物選びができれば、自然とコーディネート上手になり、スタイルもよく見えます。自分の持つ魅力を最大限に引き出すことができ、周りに与える印象もよくなるでしょう。

骨格タイプがわかると…

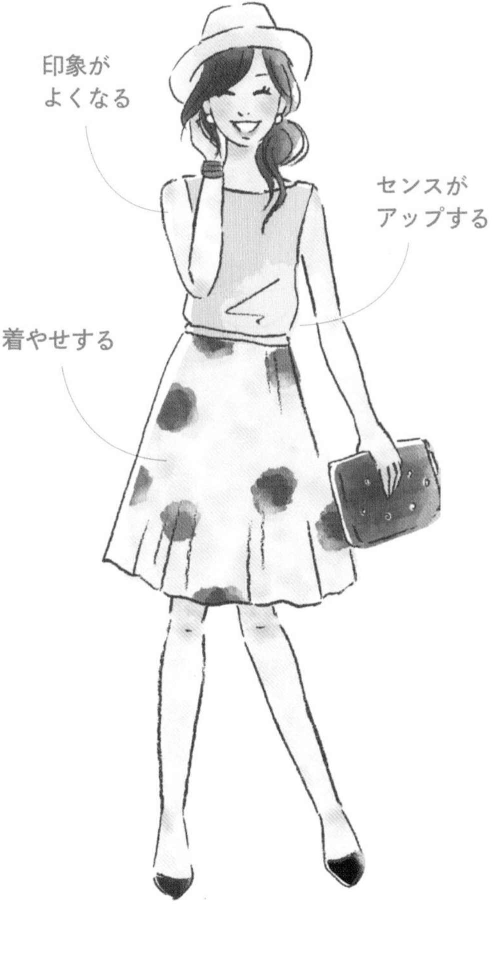
印象が
よくなる
センスが
アップする
着やせする

診断の手順

の特徴をチェックして、
のタイプになるかを診断しましょう。

姿見で全身をチェック

体のラインが見やすい下着姿で確認しながら、①～⑧のパーツをチェックしましょう。

迷ったときは…

◎自分と同世代で、同じくらいの身長の人と比べる。特別にスタイルがいいモデルなどと比べると正確に診断できないのでNG。

◎「なで肩だね」「ぜっぺきだね」など、人から言われたことでタイプを診断しないように。実際に鏡を見て、客観的に診断しましょう。

◎タイプごとの服を試着し、どのタイプの服が自分の体型をきれいに見せてくれるか参考にするのもOK。

シルエット診断をしてみましょう

①～⑧がP90～のA～Cのどれにあてはまるかチェックしましょう。

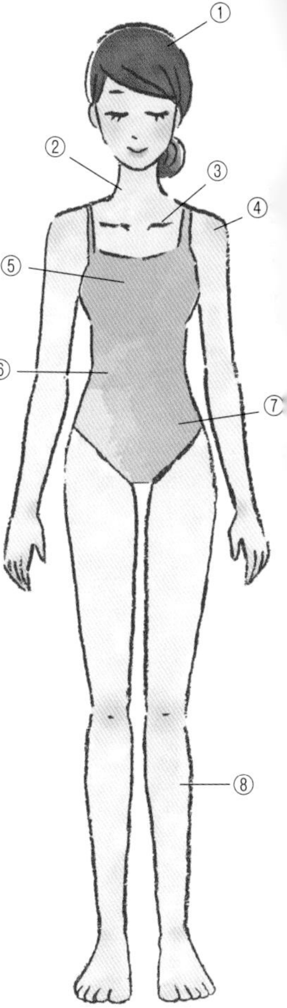

診断の手順

①頭の形は？

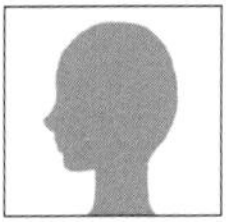

A. 後頭部に丸みがある

B. ぜっぺき

C. ハチが大きい

②首は？

A. 短い　B. 長い　C. どちらでもない

③鎖骨は？

A. 目立たない　B. 細くて目立つ　C. 太くて目立つ

④肩は？

A. 肩幅が広い　B. なで肩　C. どちらでもない

⑤胸板は？

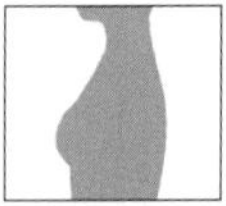

A. はと胸で厚みがある

B. 薄い

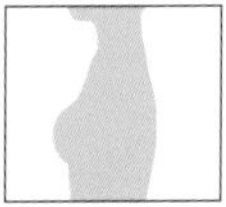

C. どちらでもない

⑥腰の位置は？

A. 高い　B. 低い　C. どちらでもない

⑦お尻は？

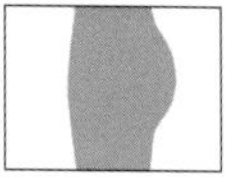

A. プリッとしている

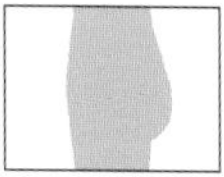

B. ペタンとしている

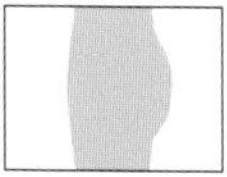

C. どちらでもない

⑧脚は？

A. まっすぐ　B.O 脚　C. くるぶしが大きい

診断結果

A が多い人……メリハリタイプ（→ P92 ～）

B が多い人……ソフトタイプ（→ P100 ～）

C が多い人……スレンダータイプ（→ P108 ～）

※複数のタイプに同じくらいのチェックが入ったら、両方の特徴を持っていると診断します（→ P116 ～）

SILHOUETTE
メリハリタイプ

バストやヒップが上向きで
メリハリのある体型

日本人離れした欧米体型の持ち主です。バストトップが高くて厚みがあり、腰の位置が高く、ヒップがプリッとしているのが特徴。芸能人だと長澤まさみさんや米倉涼子さん、橋本環奈さんなどがこのタイプ。

強さと美しさを持つ
イイ女風スタイルが得意

ジャケット＋タイトスカートなど、シンプルな定番スタイルをかっこよく着こなすのが得意です。一方、細かなプリーツやフリル、リボン、ペプラムなど、女性らしい甘いデザインは、大人っぽい体つきと合わず、垢抜けない印象になりがちです。

厚みのある胸元を開け、すらっとしたひざ下を見せると着やせします。二の腕や太ももに筋肉がつきやすいタイプなので、ノースリーブや袖の短いトップス、太ももの張りが目立つスキニーデニム、ミニスカートなどは避けましょう。

また、服の素材もシフォンやモヘアなどふんわりしたものだと、体のラインが強調されて着太りしてしまいます。シルク、ウール、カシミアなどの厚みとハリがあって、体にひびかない素材を選ぶとやせて見えます。

堅い印象になりすぎたら、袖を折るなど着崩して、カジュアルダウンしましょう

TASTE　テイスト

現代的な女性の美しさと強さを兼ね備えた、スタイリッシュで大人っぽいファッションが似合います。

イメージ：クール、ベーシック、
　　　　　シンプル、リッチ

DRESSING

着こなし

全身を縦に長く、細く見せるIラインコーデが、立体的なボディを美しく見せてくれます。胸元や膝下は見せて、二の腕や太ももを隠すと着やせします。

◎パンツスーツ、V ネック、U ネック、膝上丈スカート、タイトスカート、センタープレスパンツなど

×丸首やオフタートル、ポンチョ、チュニックは着太りする

MATERIAL

素材

体の厚みを強調しない、ハリがあり風に揺れない素材が◎。リッチなイメージに合う高品質なものを選びましょう。

◎綿 100%、シルク 100%、デニム、ウール、カシミアなど

×薄い、やわらかい、ゆるい、シワ加工、ラメは安っぽく見える

PATTERN

柄・模様

大人っぽい大胆な柄や、きちんとした印象を与えるトラッドな柄が、大人の魅力を引き出します。

◎大きな花柄、大きなドット、バーバリーチェック、アーガイルチェック、ゼブラ柄、ストライプ、太めのボーダー

×かわいい印象の小花柄

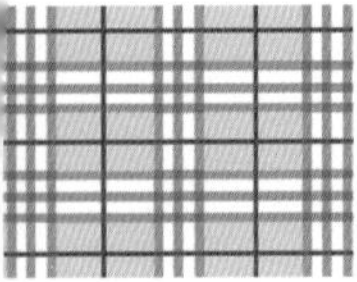

バーバリーチェック

アーガイルチェック

ゼブラ柄

ストライプ

ACCESSORY　アクセサリー

リッチなもの、大きめで存在感のあるもの、縦のラインを強調するものが似合います。

◎シルクのスカーフ、パシュミナ、大判ストール、大ぶりのピアス、ロングネックレス、大きめのブレス、バングル

×華奢なネックレスは首が詰まって見える

ストールは巻きつけず、
縦のラインをいかして

SHOES&BAG　靴・バッグ

ベーシックで装飾のないものが好相性。バッグは厚みがあり、大きめのものがおすすめ。

◎ヒールパンプス、ピンヒール、ローファー、ショートブーツ、スニーカー、ケリーバッグ、ボストンバッグなど

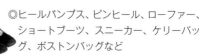

HAIRSTYLE

髪型

ージャス感のあるヘアがおすすめ。アップスタイルも似合います。

ベリーショート、ショート、ボブ、大きめのＳ字に巻いたロングヘア

甘いモチーフもメリハリタイプらしい大人っぽさを意識して取り入れれば似合います

苦手克服

かわいい系の似合わせ方

ひらひら、フリフリしたデザインは着太りするので、シンプルなアイテムを使って大人かわいいコーデを目指しましょう。

[花柄が着たい]
小花でなく大きなものを選びましょう。

[スカートを履きたい]
体のラインが出ない、ハリのある素材を選びましょう。膝が隠れる丈を選んで、太ももをカバーするのも◎。

[プリーツスカートを履きたい]
細かなプリーツは体のラインが出やすいので、太めのプリーツがおすすめ。

SILHOUETTE
ソフトタイプ

日本人に多い
曲線的で女性らしい体つき

華奢でなで肩、曲線的で女性らしい体型が特徴。筋肉よりも、やわらかな脂肪を感じるタイプです。腰の位置は低めでヒップは大きめでどちらかというと垂れぎみなど、下半身に重心があります。芸能人では田中みな実さんや泉里香さん、佐々木希さんなどがこのタイプ。

かわいらしさを活かした
フェミニンなスタイル

華奢な体に合う、レースやフリルを使った女性らしいデザインの服を、いつまでもかわいく着こなせます。その一方でテーラードジャケットやスーツなど、カチッとした服は地味に見えるので、女性らしいデザインのものを選ぶのがおすすめです。

スカートは似合うバリエーションが豊富です。パンツは足を見せる軽やかなものを選んで。胴長に見えがちなので、丈が短めのトップスやハイウエストのワンピース・スカートを選ぶと脚長効果があります。

苦手なのは、ゆったりとしたシルエットの服。服だけが浮いたように見えてしまうので、ジャストサイズを選びましょう。首が長く、胸板が薄い人が多いので、胸元がさみしい感じがしたらネックレスをプラスするといいでしょう。

トップスはオフショルダーで肩を見せると、着やせ効果も

TASTE　　テイスト

甘くかわいいデザインが得意で、華やかな服が似合います。華奢なイメージのため、シンプルすぎると地味になるので、足し算スタイルで盛って女性らしさを引き立てましょう。

イメージ：ソフト、フェミニン、キュート

DRESSING

着こなし

裾広がりのＡラインコーデが、下重心のボディを美しく見せてくれます。手足が細いので見せると着やせします。

◎Ａラインアイテム、ワンピース、ノーカラーブラウス、丸首のカーディガン、オフショルダー、ショートパンツ、サブリナパンツ、スカート全般など

×Ｖネック、胸元が大きく開いたものはさみしい印象に

MATERIAL

素材

やわらかいふわふわしたものなど、女性らしさを感じる素材を選びましょう。透ける素材、伸びる素材もおすすめ。

◎スエード、エナメル、シフォン、ツイード、モヘア

×カチッとハリのある素材、ざっくりとしたローゲージニット

PATTERN

柄・模様

基本的に柄物が得意です。特に、小花やギンガムチェックなど、小さい柄が似合います。

◎小花、小さめのドット、ペイズリー、千鳥格子、ギンガムチェック、ヒョウ柄、ヘビ柄、ストライプ、プッチ柄など

×大きな柄

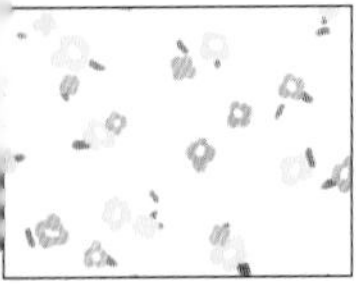

小花

小さめのドット

プッチ柄

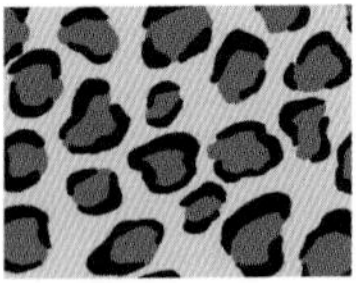

ヒョウ柄

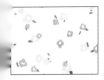

ACCESSORY　アクセサリー

小ぶりで華奢なキラキラしたもの、揺れるアクセサリーも女性的な魅力を引き出します。

◎シフォンのスカーフ、ドレスウォッチ、小ぶりで揺れるピアス、淡水パール、半貴石、一粒ダイヤなど

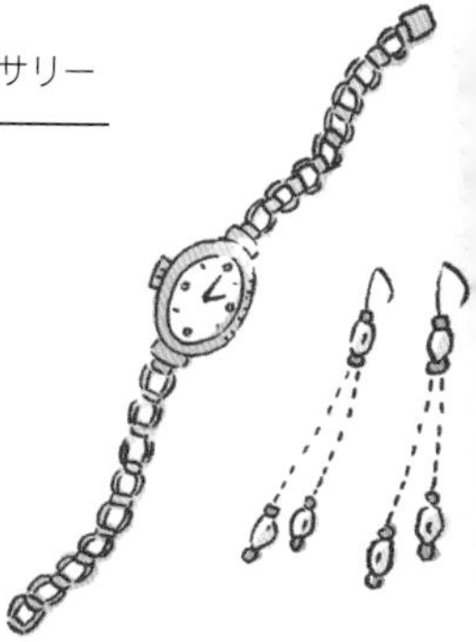

時計も華奢なデザインのブレスレットタイプを選ぶと◎

SHOES&BAG　靴・バッグ

足首にベルトや飾りがある靴だと、かわいらしさがアップ。バッグはマチが薄く、小ぶりのものが似合います。

◎ヒールパンプス、バレーシューズ、ロングブーツ、ハンドバッグ、キルティングバッグ、ショルダーバッグなど

HAIRSTYLE 髪型

首元や鎖骨が華奢なので、顔まわりの髪を巻いたりして、ふわふわさせると華やかになります。

◎セミロング、ロング、ショート。いずれも、ウェーブをつけてふんわり仕上げる

苦手克服

ビジネススーツを着るには

ビジネススーツのような堅苦しい雰囲気の服は地味に見える上、服に着られている感じになりがち。着丈やデザインを工夫して女性らしく着こなしましょう。

小さめのアクセサリーで女性らしさをプラスするのもおすすめ

[テーラードジャケットが着たい]
丈が短めのもので、ジャストサイズを選びましょう。

[セットアップスーツを着たい]
ドレープやレースなどがついたインナーで、華やかさを演出しましょう。カチッとしたタイトスカートやパンツでなく、フレアスカートを選ぶと◎。

SILHOUETTE

スレンダータイプ

脂肪も筋肉もつきにくい
スレンダーボディ

骨や関節が大きく、しっかりした体つきが特徴。直線的でスタイリッシュなボディラインの持ち主です。芸能人だと天海祐希さんや綾瀬はるかさん、本田翼さんなどがこのタイプです。

個性の強いデザインや
天然素材の服が似合う

ラフなファッションをさらりと着こなして、大人の色気を演出できる人です。

麻などの天然素材を使った、ざっくりとしたアイテムや、個性的なデザインが似合います。メンズライクな大きめサイズを着崩したり、パーカーやデニムなど、カジュアルな装いも得意です。苦手なのはフリルたっぷりのフェミニンなスタイル。全体の雰囲気に合わず違和感が出てしまうことも。つくり込んだデザインのものより、シンプルでゆったりしたものを着る方が、ナチュラルな魅力が引き出せます。

骨格がしっかりしているので、ゆるめにデザインされた服を着ても品よく着こなせます。逆に、パンツスーツなどのタイトなシルエットは、骨太な体のラインが強調されて、がっしりした印象になりがち。ジャケットの素材を麻やジャージにするなどしてカジュアルダウンすると、女性らしさが出てきます。

天然素材のハットやバッグを合わせるとおしゃれ度がアップします

TASTE　テイスト

リネンなどの天然素材を使った、ゆるめのデザインが得意。カジュアル系の服を着ると、垢抜けた印象に。

イメージ：ラフ、カジュアル、
ナチュラル

DRESSING 着こなし

メンズライクの大きめサイズを、ラフに着崩すのがおすすめ。デニムやパーカーなどカジュアルなアイテムも、デザイン性のあるモードな服も◎。

◎アシンメトリーや変形ライン、凹凸感のあるもの、V ゾーン深めのテーラードジャケット、タートルネック、ローゲージニット、シャツワンピ、ジーンズ、カーゴパンツなど

MATERIAL 素材

自然が感じられる素材。ざっくり感や荒さがあるものがおすすめ。革やデニムなど重さや硬さを感じるものが似合います。

◎革、麻、デニム、ウール、コーデュロイ、コットン、シワ加工、ダメージ加工、ウォッシュ加工など

PATTERN

柄・模様

然を感じる柄や大きめの柄、カジュアルな柄がおすすめ。

◎ペイズリー、チェック柄全般、ストライプ、迷彩柄など

×細かい柄やかわいい印象の柄は、地味な印象になるのでNG

ペイズリー

マドラスチェック

迷彩柄

ストライプ

ACCESSORY　アクセサリー

木や天然石など、自然のものを使った存在感のあるもの、エスニックなデザインのものが似合います。

◎厚手で大きなストール、ターコイズや珊瑚など透明度のない石、大きめのピアス、ゴツめのバングルなど

SHOES&BAG　靴・バッグ

マニッシュなデザインやカジュアルな靴が似合います。バッグはカジュアルなもの、型押しやフリンジなどのデザインがある大きいものがおすすめ。

◎ローファー、ムートンブーツ、バーキン、クラッチバッグなど

HAIRSTYLE 髪型

フで無造作、つくりこまないヘアがナチュラルな魅力を引き出します。
くり込んだ巻き髪より、自然なウェーブがおすすめ。下に重心がいく
ングの方がバランスがよくなります。

◎ベリーショート、ベリーロング

ラフな素材や遊び心のあるデザインのジャケットが似合います

苦手克服

ジャケットを着るには

かしこまった感じだと地味に見えかわいい系は違和感が出てしまいます。素材やデザインにほどよい抜け感を取り入れ、ラフな雰囲気を出しましょう。

[ジャケットが着たい]
ジャージや麻など、素材をカジュアルダウンすると抜け感が出ます。Vゾーンが深めのデザインを選ぶと、がっちりした体型がカバーできます。

[スカートを履きたい]
骨太感を隠せるのでひざ下丈のスカートを選んで。

2つのタイプの特徴を持つ人はこうカバーする

上半身と下半身でタイプが違う人もいる

「全体的にはソフトタイプだけど、胸ははと胸でメリハリタイプ」というふうに、体のパーツによってあてはまるタイプが違うこともあるでしょう。

2つのタイプの特徴を併せ持つミックスタイプの場合は、体のパーツに応じた着こなしのテクニックを柔軟に取り入れることが大切です。この例の場合、基本はソフトタイプの服を着るけれど、胸元は少し開けてすっきりさせるなど、胸はメリハリタイプの着こなしを取り入れるのがおすすめです。

以下に、タイプ別のカバー方法を紹介します。

メリハリタイプだけど胸板が薄い

スカーフやストールをゆったりと巻いて、胸元にボリュームを持たせましょう。メリハリタイプに似合う、上品でリッチなデザインを選ぶとバランスがよくなります。

シルクなど、リッチな素材を選ぶ

2つのタイプの特徴を持つ人はこうカバーする

ソフトタイプだけどきりっとした顔立ち

フェミニンなデザインの服が顔の雰囲気と合わない場合は、色や柄、アクセサリーにシャープなものを選びましょう。例えばシャネルスーツのような女性らしいデザインの場合、モノトーンを選ぶことで顔立ちとバランスがとれます。

服のデザインはソフトタイプのままでOK

スレンダータイプだけど筋肉もついている

骨太だけれど、筋肉もついているボディの場合、アウターにニットなどやわらかな素材を使うと着太りしてしまいます。型がしっかりしていて、体のラインが出ないジャケットやコートを合わせれば、筋肉もカバーしつつきれいにまとまります。

ダメージデニムにチェスターコートできれいめカジュアル

プロの診断は ここが違う！

肌の色や体型について

自己診断ではわからないことも プロは見抜いている!?

セルフ診断に自信がない人、本の通りに着ているけれど、どこかしっくりこないという人は、経験を積んだプロに相談するのもいいでしょう。

パーソナルスタイリストなどのプロは「スプリングタイプだけれど、サマーのような特徴を持ち合わせている」とか「体はソフトタイプだけれど、顔はきりりと直線的なメリハリタイプの特徴も持っている」など、その人の特徴を細かく分析し、似合う服を提案しています。

より具体的なアドバイスが欲しい、確実な診断が知りたいという人はプロに相談してみましょう。

第3章

似合う定番服

似合う色や服のテイストがわかったら、普段の服を似合うものにチェンジ！　ジャケットやスカートなど、よく着る8アイテムの似合う服をイラストでチェックしましょう。

CLOTHES

こずえさんは
ソフトタイプ
は〜い
レナさんは
メリハリタイプ
じゃあ
自分に合った服を
選んでみて
わ〜い♥
着てみました！
じゃーん
けっこうイケてると
思うんですけど
本気で
そう
思ってるの？
ガーン
バッ
似合うテイストは
選べているけど
デザインや素材が
ちゃんと自分の体に
合っているかを
確認しないといけないの
試着した
ときに
ここを
しっかり
チェック！

ータイプは
着太りしてないか
NG
□ 素材のやわらかさが ボディラインを拾いすぎて 妊婦みたいに見える
□ ヒップの丸みを拾いすぎて スカートの後ろが短く なっている
ハリのある素材に
変えるといいわよ
ソフトタイプは
貧相に見えないか
NG
□ 服のテイストが シンプルすぎて 華やかさに欠ける
□ ウエスト位置が低く 脚が短く見える
やわらかい素材に変えたり
ハイウエストのデザインに
するの
スレンダータイプは
たくましく見えないか
NG
□ タイトでかっちりした 服だと女性らしさが なくなる
□ 繊細で甘すぎる テイストだと 体ががっしり見える
ゆったりしたサイズに
変えてみるの

確かに〜
よく見てなかったわ〜
私着太りして見えてたわ
試着はサイズの確認だけじゃなくて
もちろんカラーのことも忘れないでね
印象もチェック
CHECK♪
こうやって自分のクローゼットを似合うものでそろえていけば
コーディネートもまとまりやすくなるわよ
着まわしもしやすそう
似合わない服を買わずにすんでムダ遣いも減るわよ！
でも…私やっぱりかわいい服も着たいんですけど…
週末に合コンだし…
自分のタイプじゃない服はダメですか？

私もレナさんと同じタイプだから
ノースリーブだと腕がたく見える
フンワリ素材だとムチムチして見える
でも先生はかわいく似合ってる…?
なぜ?
うふふ
柄やアクセにかわいいものを選べば
花モチーフのネックレス
大きな花柄のロングスカート
苦手なフェミニン系も似合わせることができるのよ
よかった〜
じゃあこれならどう?
太めのプリーツ
じゃーん
わーステキ!!
レナさんの魅力アップね!
これで週末は…
ムフフ
かわいいね!
私もいこうかな〜

CLOTHES

色×シルエットで
似合う服を選ぶ

自分の魅力が見つかると
似合う服がわかる

本書の1章では、生まれ持った肌や瞳、髪の色と調和する「似合う色」について、2章では、骨格や筋肉、脂肪のつき方で見つける「似合うテイスト」について紹介しました。

ここまでで、自分にはどんな色やテイストが似合うかがわかってきたと思います。しかし、実際に色、素材、デザイン……様々な要素を吟味しながら似合う服を探していくのは、難しいものです。

そこで3章では、ジャケット、スカート、シャツなど、クローゼットの定番服について、骨格タイプ別に似合う服を紹介します。説明の下にはパーソナルカラーごとの似合う色も紹介しています。苦手な要素を着こなす方法もアドバイスしているので、参考にしてください。

似合う8割、好きが2割でおしゃれを楽しむ

パーソナルカラー診断やシルエット診断で判明した、似合う色やファッションのテイストが、自分の好みと合わないこともあるでしょう。

診断結果は、あくまで目安。「○○タイプだから△△を着てはいけない」というルールではありません。診断結果に縛られず「似合うもの8割、残り2割は好きなもの」くらいの気持ちで楽しみながらおしゃれをしましょう。

合う服×色の見つけ方

ページからのアイテム紹介は、こんな風に使いましょう！

ソフトタイプのニットの場合

襟元のビジューが美人度をアップしてくれる

清楚な魅力を引き出すアンサンブル。モヘアなどふんわりした素材を選ぶとより女性らしい雰囲気に。

春　夏　秋　冬

スプリングなど、パーソナルカラーごとに似合う色はここをチェック！

ITEM 01 / JACKET

ジャケット

メリハリタイプ

オーソドックスな
テーラード

ソフトタイプ

女性らしい
ノーカラー

スレンダータイプ

ジージャンなど
カジュアルなもの

オンでもオフでも大活躍
大人の必需品

職場でもプライベートでも活躍するジャケットは、大人の女性に欠かせないアイテム。オーソドックスなテーラードが似合うのは、メリハリタイプ。ソフトタイプはノーカラーで丈が短めのものを選ぶと、スタイルよく見えます。ラフなスタイルを得意とするスレンダータイプは、麻などの天然素材のものや、ジージャンやライダースなど、カジュアルなものがおすすめ。

メリハリタイプ

幅が広く体に厚みがあるので、オーソドックスなテーラードがさらとかっこよく着こなせます。逆にノーカラーで女性的なものは苦手す。

オーソドックスなブレザーはボーダーニットを合わせるなど、カジュアルMIX して抜け感を出すとイマ風。

春　夏　秋　冬

ボタンは開けると縦長のラインをいかせます。インナーも胸元を開けた着こなしがおすすめ。

春　夏　秋　冬

苦手克服

ノーカラーの似合わせ方

女性的なノーカラーのジャケットは、高級感のある素材を選び、品よく着こなしましょう。インナーはシンプルにし、パンツを合わせるときれいに着こなせます。

ソフトタイプ

らしいノーカラージャケットが得意。短い丈を選ぶと、足が長く見ます。テーラードなどカチッとしたものは、服に着られている印象なりがち。

コットンのノーカラージャケットはきちんとスタイルにもカジュアルにも合います。丈は短めが基本です。

春 夏 秋 冬

上品で女性らしいシャネルスーツ風のツイードセットアップは、仕事やイベントにも大活躍。

春　夏　秋　冬

苦手克服

テーラードの似合わせ方

カチッとしたテーラードは、ショート丈でVが浅めのデザインだと雰囲気を崩しません。丸襟のブラウスを合わせるなど、かわいらしさをプラスしましょう。

スレンダータイプ

フなスタイルが得意なので、ジージャンやライダースジャケットがすすめ。女性的なノーカラージャケットは、違和感が出やすくなります。

ロックっぽいテイストも得意。長さが感じられるコーデが似合うので、ロングスカートを合わせると◎。

春 夏 秋 冬

メンズっぽいアイテムを着ると、逆に色気が出てくるタイプ。ジージャンも女性らしく着こなせます。

春　夏　秋　冬

苦手克服

ノーカラーの似合わせ方

革などの自然を感じる素材を選ぶと、甘いデザインでもバランスよくまとまります。ハードになりすぎたら、大きめのピアスなどで女性らしさをプラス！

ITEM 02 ／ SKIRT

スカート

メリハリタイプ

タイトスカート

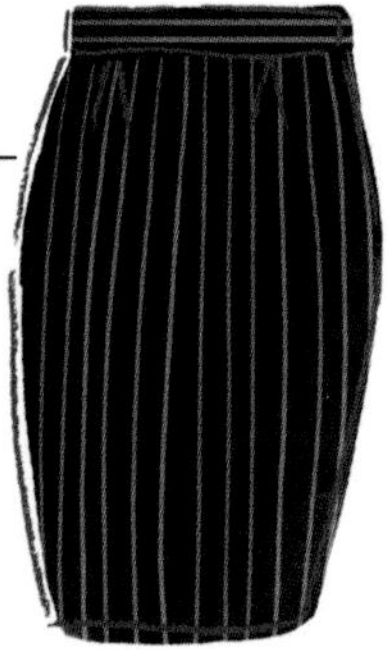

ソフトタイプ

フレア
スカート

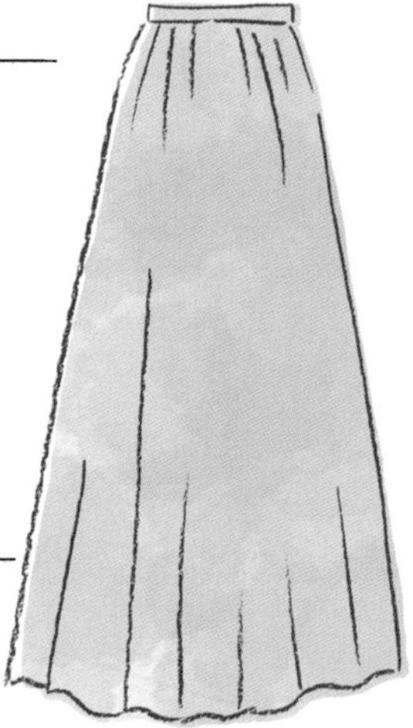

スレンダータイプ

ロングスカート

似合うものを選べば
スタイルがよく見える

女性らしさを演出するスカートは、デザイン、素材、丈もさまざま。自分のタイプに合うものを選びましょう。

タイトスカートが似合うのは、メリハリタイプ。膝下を見せると着やせします。かわいらしいテイストが似合うソフトタイプは、フレアやギャザーたっぷりのものを。個性の強いアイテムをさらりと着こなせるスレンダータイプは、麻など天然素材のロングスカートがおすすめです。

メリハリタイプ

らりとした膝下を見せると、スタイルよく見えます。セミロングは、肉質なふくらはぎが目立ってしまうので、避けましょう。

素材をデニムにかえてカジュアルダウン。パンプスやクラッチバッグで大人っぽさと華やかさをプラス！

春 ■　夏 □　秋 ■　冬 ■

オーソドックスなタイトスカートがとても似合います。膝上丈でさらにスタイルよく見せましょう。

春　夏　秋　冬

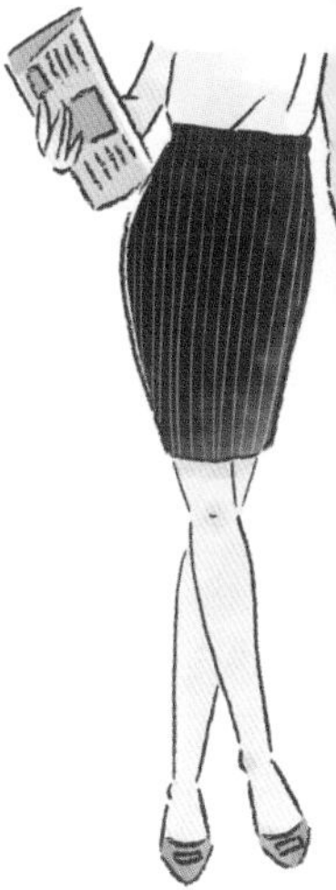

苦手克服

ふんわりスカートの似合わせ方

フレアやタックが入った裾が広がるデザインは太って見えてしまうことも。ハリのある素材で高級感のあるものを選ぶと、バランスよく見えます。

ソフトタイプ

性らしい骨格で、ほとんどのデザインのスカートが似合います。ウストの位置がややや高めなものを選ぶと、足が長く見えます。

裾にかけてほどよくフレアになったデザイン。シャツをインすれば、知的な女っぽさが演出できます。

春　夏　秋　冬

キュートなギャザースカートが女性らしさをアップ。花柄など、愛らしく細かな柄が似合います。

春　夏　秋　冬

苦手克服

タイトスカートの似合わせ方

盛ったデザインが似合うタイプなので、シンプルなタイトスカートは、地味な印象になりがち。華やかなレース生地なら、大人かわいくまとまります。

スレンダータイプ

に着られている感が出やすいマキシスカートも、さらりと着こなせす。ジャージ素材ならカジュアルに、麻素材ならナチュラルな印象なります。

セクシーな膝下丈のタイトスカートも得意。レザーやフリンジなど、ワイルドなディティールも似合います。

春　夏　秋　冬

麻のマキシスカートのエスニックなコーデ。体が泳ぐような服でもスタイリッシュに着こなせます。

春　夏　秋　冬

苦手克服

ギャザースカートの似合わせ方

ギャザーたっぷりの甘いデザインはレザーなどのハードな素材を選べばOK。下にボリュームが出るので、トップスはコンパクトにしてすっきり見せましょう。

EM 03 / CUT&SEWN

カットソー

メリハリタイプ

Vネック Tシャツ

ソフトタイプ

フリル付き
カットソー

スレンダータイプ

英字 Tシャツ

ネックラインの
デザインがポイント！

Tシャツやスウェットなどのカットソーは、カジュアルスタイルには欠かせないアイテム。胸元を開けると着やせするメリハリタイプは、Vネックがおすすめ。ソフトタイプはフリルなどがついたかわいいものが似合います。スレンダータイプはラフな雰囲気のカットソーならなんでも似合います。カジュアルすぎたらジャケットを合わせてミックスコーデにすると、抜け感が出ます。

メリハリタイプ

に長く開いたデザインを選ぶと、短めの首も自然に長く見せること
できます。着丈は長すぎるとだらしなく見え、短いと太って見える
で注意。

胸元が開き、ウエストが締まったカシュクールを着ると、くびれが強調されてスタイルアップします。

春 □ 夏 ■ 秋 ■ 冬 ■

胸元にハリと厚みがあるから、ちょっと大胆かなと思う深めのＶネックも上手に着こなせます。

春　夏　秋　冬

苦手克服

Ｔシャツの似合わせ方

首のつまったデザインは、首が短く見えがち、胸元にサングラスをかけてＶネックに見せましょう。アウターにジャケットを選ぶと、クールな雰囲気になります。

ソフトタイプ

リルやレースなどで華やかに盛ったデザインが似合います。くっきとした鎖骨を見せ、女性らしさをアピールできるオフショルダーもすすめ。

オフショルダーで肌を見せ、大人の色気をアピール。ボトムはデニムを合わせて抜け感を出すと◎。

春　夏　秋　冬

袖にたっぷりフリルがついた女性らしいカットソー。レースのスカートを合わせれば無敵のかわいさ！

春　夏　秋　冬

苦手克服

トレーナーの似合わせ方

シンプルなトレーナーを着るとやぼったく見えてしまいます。チェックシャツをインしてスカートを合わせると、かわいく着こなせます。

スレンダータイプ

シャツやスウェットなど、ラフなアイテムが得意。少し大きめのサズを着たり、ロングカーデを合わせるなどしてルーズ感を出すと垢けます。

エスニックなアイテムが似合うので、袖や裾にフリンジがついたカットソーもおすすめです。

春　夏　秋　冬

何気ない英字Tシャツもクールにきまります。ロングカーデなどルーズなアウターを合わせると◎。

春　夏　秋　冬

苦手克服

レースカットソーの似合わせ方

レースなど、華やかなデザインを着るとゴツイ感じに見えがちです。全面ではなく袖などにレースがあしらわれた、シンプルなデザインのものを選びましょう。

EM 04 /

SHIRT&BLOUSE

シャツ・ブラウス

メリハリタイプ

白シャツ

ソフトタイプ

フリル
ブラウス

スレンダータイプ

リネンシャツ

さまざまなタイプから
形・素材を選ぶ

きちんと感を出すインナーとして欠かせない、シャツやブラウス。シャツ全般が似合うのは、きちんとしたテイストの服が似合うメリハリタイプです。華奢なソフトタイプは、フリルやギャザーが入ったやわらかな素材のブラウスを選ぶと、女性らしさが引き立ちます。大人カジュアルが似合うスレンダータイプは、麻などのリラックスした素材で、体が泳ぐくらい大きめのサイズを着ると、こなれた印象になります。

メリハリタイプ

品で真面目な印象のシャツが似合います。ハリのある綿素材で、ジャ
トサイズを選べば◎。逆にやわらかな素材やオーバーサイズは苦手
す。

ピンストライプのシャツは、知的な印象。カーデガンを肩にかけると抜け感が出ます。

春 ■ 夏 ■ 秋 ■ 冬 ■

ボタンを開けて縦長のラインを強調すると、スリムに見えます。トレンチと合わせて、いい女風に。

春　夏　秋　冬

ネックレスをすると女性らしさもアピールできます。

苦手克服

カジュアルシャツの似合わせ方

カジュアルタイプのシャツは、子どもっぽく見えがち。きちんと見えるジャストサイズを選び、ジャケットを合わせて品よく着こなしましょう。

ソフトタイプ

わらかな素材や透ける素材でフリルやギャザーのあるものが、華奢体を華やかに見せます。シンプルなデザインは物足りない印象になりがち。

横長のネックラインで鎖骨を見せると、女らしさがアップ。華奢なのでノースリーブもきれいに着こなせます。

春　夏　秋　冬

胸元のフリルで華奢な上半身をカバー。裾をインしてウエストを見せると、スタイルよく見えます。

春　夏　秋　冬

苦手克服

シャツの似合わせ方

カチッとした襟付きのシャツは、さみしい印象になることも。柄物で、襟や袖口にレースなどをあしらったものを選ぶと、大人かわいい雰囲気になります。

スレンダータイプ

が落ちるくらいゆったりしたサイズを着ると、こなれた印象に。カ
ッとしたシルエットのものを着ると、骨太さが強調されるので注意
て。

カジュアルなチェックのシャツは、英字Ｔシャツに合わせると大人かっこいい雰囲気になります。

春　夏　秋　冬

大きめのリネンのシャツと、シャリ感のあるマキシ丈のスカートを合わせると女らしい印象に。

春 夏 秋 冬

苦手克服

白シャツの似合わせ方

スタンダードな白シャツは、しっかりした骨格をカバーするオーバーサイズを選びましょう。胸元を開け、袖をまくると抜け感が出て、大人カジュアルな雰囲気に。

ITEM 05 / PANTS

パンツ

メリハリタイプ

センタープレスの
パンツ

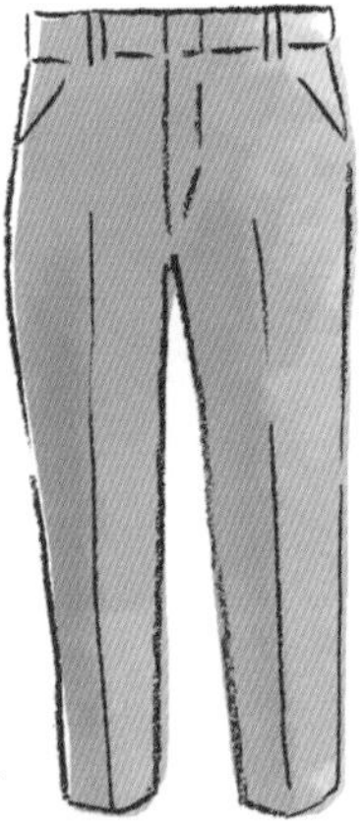

ソフトタイプ

ショート
パンツ

スレンダータイプ

ワイドパンツ

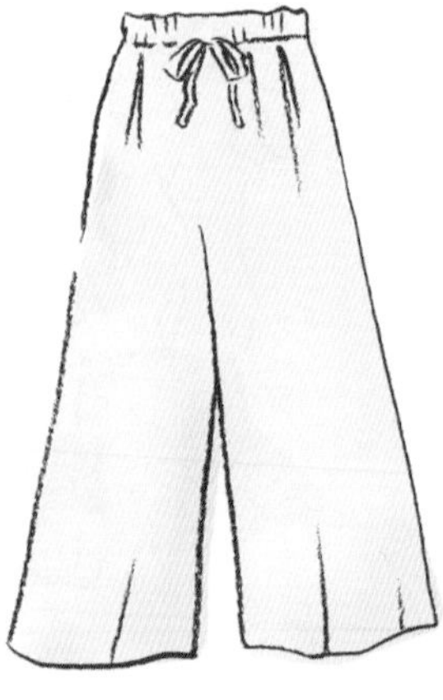

サイズ感と丈の長さが「似合う」ポイント

パンツは、素材やシルエットで全身の印象が大きく変わるアイテムです。

メリハリタイプはきちんと感のあるセンタープレスが似合います。ジャストサイズを品よく着こなしましょう。ソフトタイプはショート丈を選ぶと、スラリと伸びる足が女らしさをアピールしてくれます。スレンダータイプは、骨太さをカバーするワイドパンツがおすすめ。シンプルなデザインが、かっこよくきまります。

メリハリタイプ

ャストサイズのきれいめなデザインが、足の美しさを引き立ててく
ます。逆に、ゆったりしたラフなものは太って見えるので注意しま
ょう。

履きやすいのにきちんと見える優良アイテム

タックパンツは、裾にかけてしまった形で、太ももをカバーしつつ、ひざ下をスリムに見せてくれます。

春　夏　秋　冬

しっかり入ったセンタープレスが縦長のラインを強調してくれます。オフィスで活躍してくれそう。

春 □　夏 ■　秋 ■　冬 ■

苦手克服

ワイドパンツの似合わせ方

クラシカルなタータンチェック柄を白シャツ+カーディガンでトラッドなコーデにすれば、品よく着こなせます。ラフになりすぎない太さを選ぶのも重要。

ソフトタイプ

奢な足をきれいに見せる、ショートパンツや細身のデザインが◎。
ンプルだと物足りない印象になるので、柄やリボンで盛ったものを
んで。

サブリナパンツはギンガムチェックなどの柄物がおすすめ。ヒールと合わせると、女らしい雰囲気に。

春　夏　秋　冬

裾が広がっていてスカートのように見えるショートパンツ。ウエストのリボンでかわいさアップ！

春　夏　秋　冬

苦手克服

ワイドパンツの似合わせ方

フルレングスは下半身が重たくなるので、短めの丈ですっきり見せましょう。とろみのある素材でリボンなどのフェミニンなデザインがあると、華やかな印象に。

スレンダータイプ

ったりしたワイドパンツやカーゴパンツを履くと、こなれた雰囲気
骨ばった膝が見えるとゴツく見えるので、膝より下の丈を選びま
ょう。

メンズっぽいカーゴパンツが得意。パンプスやブレスを合わせると、女らしさが引き立ちます。

春　夏　秋　冬

とろみのある素材のワイドパンツにシンプルなトップスを合わせると、洗練された大人の雰囲気に。

春　夏　秋　冬

苦手克服

ショートパンツの似合わせ方

膝が見えるショートパンツを履くときは、タイツで膝が目立つのをカバーしましょう。ゆったりしたデザインのトップスと合わせるとバランスよくまとまります。

ITEM 06 / KNIT

ニット

メリハリタイプ

Vネック

ソフトタイプ

アンサンブル

スレンダータイプ

ゆるタートル

3つのポイントを押さえ
スタイルよく着こなす

サイズ、ネックライン、ゲージ※の太さの3つをチェックし、自分に似合うものを選びましょう。

上半身に厚みのあるメリハリタイプは、胸元をすっきり見せるVネックが似合います。ソフトタイプは上半身がさみしく見えないよう、胸元に飾りがあるデザインがおすすめ。がっちりした骨格のスレンダータイプは、オーバーサイズのニットを着るとスタイルよく見えます。

※ゲージとは編機の針の密度を表す単位。ニットの目が小さなものがハイゲージ、ニットの目が大きなものがローゲージになります。

メリハリタイプ

やせ効果が高いＶネックで、上品なハイゲージのものを選ぶと洗練れた印象になります。ボリュームのあるローゲージニットは着太ります。

ハイゲージでシンプルなタートルネックは、落ち着いた大人の雰囲気に。品のいい素材を選んで。

春　夏　秋　冬

鎖骨見せで女らしさを演出。ゆるすぎず、ぴったりすぎないサイズを選ぶと細見え効果あり。

春　夏　秋　冬

苦手克服

ふんわり素材の似合わせ方

ふんわり、もこもこしたモヘアのニットは着太りしがち。Vネックにサングラスをひっかけるなど、縦のラインを強調するとすっきり見えます。

ソフトタイプ

ヘアなどふんわりしたニットが、フェミニンな魅力をアップ。シンルだと地味な印象になるのでアクセサリーやデザインで工夫しましょう。

襟元にパールの飾りがついたニット。アクセサリーをつけなくてもぐんと華やかな印象になります。

春　夏　秋　冬

清楚な魅力を引き出すアンサンブル。モヘアなどふんわりした素材を選ぶとより女性らしい雰囲気に。

春　夏　秋　冬

襟元のビジューが美人度をアップしてくれる

苦手克服

シンプルニットの似合わせ方

ふわふわモヘアのゆったりハイネックなら、シンプルでもかわいらしく見えます。だらしなく見えないように、大きすぎないサイズを選ぶのがポイントです。

スレンダータイプ

とりのあるローゲージニットが大人のカジュアルを演出。ジャスト
イズだと、がっちりして見えるので、体が泳ぐくらいのサイズを選
と◎。

大人のカジュアルスタイルにぴったりなノースリーブ。インするものを変えれば、着まわしも楽しめます。

春　夏　秋　冬

フィットしすぎない首回りで、肩落ちするくらいのサイズが、しっかりした骨格を美しく見せます。

春　夏　秋　冬

苦手克服

ハイゲージニットの似合わせ方

ハイゲージニットで物足りない雰囲気になったら、デニムシャツをインしてカジュアルダウンしましょう。袖口からカフスをのぞかせると、おしゃれ上級者なムードに。

TEM 07 / ONEPIECE

ワンピース

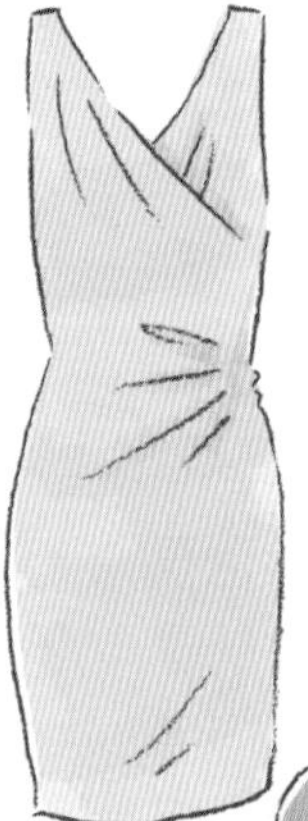

メリハリタイプ

カシュクール
ワンピース

ソフトタイプ

A ライン
ワンピース

スレンダータイプ

マキシワンピース

1枚で着るので似合う要素を全チェック

1枚で完結するワンピースは、色・形・素材が全て似合うものを選ぶと、全体の印象をグンとよくしてくれます。メリハリタイプは、ハリのある素材で、上半身は体に沿うもの、下半身は広がりすぎないデザインを着るときれいに見えます。女性らしいスタイルが似合うソフトタイプは、ワンピース全般が得意。スレンダータイプは、リゾート感あふれるマキシ丈をさらりと着るとセンスよく見えます。

メリハリタイプ

半身に厚みがあるので、胸元がすっきりしたＶネックがおすすめ。
エストマークがないと、胸板の厚さが強調され着太りするので注意。

ウエストを絞ったデザインを選び
スリムに見せて

ハリのある上質な素材のＩラインワンピが品のよさを引き出してくれます。丈は膝上がおすすめ。

春　夏　秋　冬

広めのＶネックだとすっきり見えます。ウエストをマークするカシュクールのワンピでさらに美人に！

春　夏　秋　冬

ハリのある素材でジャストサイズを選んで

苦手克服

詰まったネックラインの似合わせ方

首が短めの人が多いので、首のつまったワンピを着るときは、ロングネックレスで縦のラインを強調したり、ストールで首元を隠すとスタイルアップします。

ソフトタイプ

ェミニンで甘いデザインが似合うので、ワンピース選びは楽勝。ただ、元が開いているとさみしい感じになり、ローウエストは太って見えま。

袖のフリルやウエストのリボンで女子力アップ！

フィット＆フレアなデザインで、ふっくらした腰まわりを女性らしくカバーしましょう。

春　夏　秋　冬

裾広がりのＡラインが、腰まわりをカバーしてくれます。胸元のアクセで華やかさをプラス。

春　夏　秋　冬

ティアードワンピだとより似合います

苦手克服

マキシワンピの似合わせ方

シンプルで下重心のデザインは、やぼったく見えがちです。ハイウエストのデザインを選んだり、カーデを肩掛けするとバランスが取れてセンスよく見えます。

スレンダータイプ

格がしっかりしているので、体のラインにぴったり合うものより、ったりとしたフォルムを着た方がスタイルよく見えます。

ドレープが自然に出るドルマンスリーブ。
ゆとりのあるデザインが、骨太の体をスタイルよく見せます。

春 夏 秋 冬

リゾート感たっぷりのインド綿のマキシワンピ。風に揺れるシルエットが女らしさを演出してくれます。

春 夏 秋 冬

苦手克服

Vネックワンピの似合わせ方

Vネックは鎖骨が強調されるので、大ぶりのネックレスやストールでカバー。ウエストマークのないゆったりとしたサイズを選ぶと、スタイリッシュに見えます。

ITEM 08 / DENIM
デニム

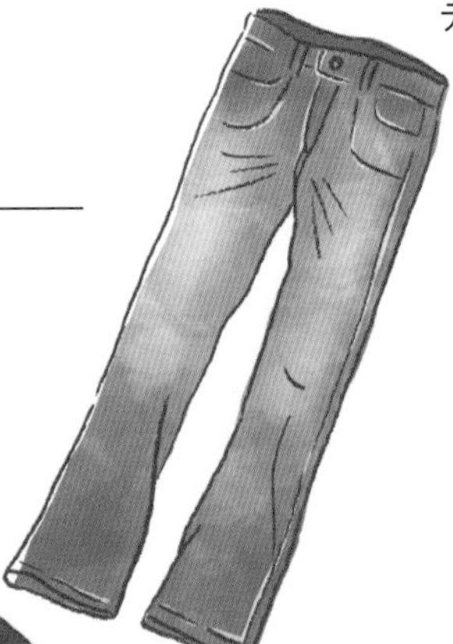

メリハリタイプ

フレアデニム

ソフトタイプ

スキニー
デニム

スレンダータイプ

ダメージデニム

微妙な形の違いで
スタイルよく見せる

形・素材の微妙な差がスタイルアップにつながるので、吟味して選びましょう。

メリハリタイプは、裾広がりのフレアデニムがおすすめ。太ももをカバーし、足を長く見せてくれます。ソフトタイプは体にぴったり合うスキニータイプで、持ち味の美脚をアピール。カジュアルなスタイルが得意なスレンダータイプは、ダメージデニムを履くと、こなれた印象になります。

メリハリタイプ

の位置が高いので、股上が浅めのものを腰履きすると足の長さをア
ールできます。ぴったりしたスキニーは太ももが強調されるので避
て。

品よく見える濃い目のカラーがおすすめ

股上が浅く、太ももにゆとりがあるボーイフレンドデニムは、足をきれいに見せてくれます。

春 □ 夏 ■ 秋 ■ 冬 ■

ひざ下から広がる70'S風のフレアデニム。美脚効果抜群で1枚は持っておきたいアイテムです。

春　夏　秋　冬

体のラインが出ない、厚手のデニムを選んで

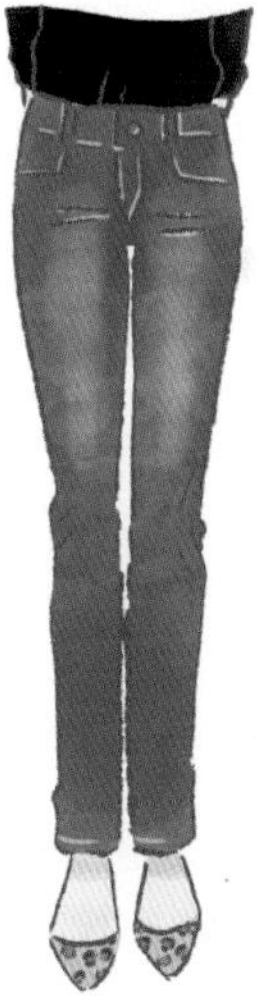

苦手克服

スキニーの似合わせ方

体にフィットするスキニーは、太ももの厚みを拾います。ストレッチ素材は避け、ハリのある素材を選んで、着太りを防ぎましょう。

ソフトタイプ

にフィットするスキニーデニムやショートパンツで、細い足をきれに見せましょう。腰の位置が低く、股上が浅いと足が短く見えるの注意。

大きなポケットで華奢な腰まわりをカバー

思い切って足を見せても、きれいにまとまります。スカートのように見える裾広がりのデザインがおすすめ。

春 □ 夏 ■ 秋 ■ 冬 ■

やわらかい素材が得意なのでストレッチ素材が◎。女らしいデザインのトップスを合わせて華やかに。

春 夏 秋 冬

苦手克服

フレアデニムの似合わせ方

フレアデニムのような下重心のデザインは、バランスが悪く見えがちです。ハイウエストタイプを選び、トップスをコンパクトにして、きれいにまとめましょう。

スレンダータイプ

フな雰囲気が似合うので、デニム全般が似合います。フルレングス
ゃブーツインで、しっかりしたくるぶしを隠すと、より美しく見え
す。

ゆとりのあるボーイフレンドデニムが美脚に見せます。シャツ＋ボーダーニットできれいめカジュアルに。

春 ■ 夏 ■ 秋 ■ 冬 ■

※フルレングスとは「たっぷりな丈」という意味。スカートやパンツの丈が、くるぶしから床に届くほどの丈の長さのことを指します。

ダメージデニムがかっこよくきまります。きちんとしたジャケットとコーデすると、大人っぽく見えます。

春 夏 秋 冬

苦手克服

スキニーの似合わせ方

そのまま履くと、シンプルすぎてつまらない印象になりがち。トップスはゆったりしたニットを合わせ、ブーツインするとスタイリッシュにきまります。

後日
これにしよ!
サイズもピッタリ!
ありがとうございました〜
もしかして
こずえ!?
元カレ
あっ
うっそ〜
すごく
変わったじゃん
ホホホ
この後お茶でも
どう?
ごめ〜ん
私もう行かなきゃ
そうなんだ〜…
私はもう
あの頃のダサ子
じゃないのよ

かんぱ〜い♪
お仕事おつかれさまでした
今日の成功こずえさんのおかげよ
え？
先方の印象がとてもよくて
そこが大きなポイントになったわ
社内でもこずえさん雰囲気変わったねって評判ですよ
エヘー
私…これまで人前に出るの苦手だったんです
ダサいって言われたり自分に自信が持てなくて

でもカラーとシルエット診断で似合う服がわかったら
おしゃれが楽しくなりました
自分に自信がついたから気持ちも前向きに！
そうですよね私もこれまで流行の服ばかり追っていて
ムムム
FASION
アレ？
どうも似合わなかったり
なかったりしました
自分の魅力を引き出す色やスタイルは変わらないのよ
私…実は今

ーソナルスタイリストになる勉強をしてるんです
カラーを知って私が変われたように
私もみんなの魅力を引き出すお手伝いをできたらって
こずえさんなら絶対うまくいきますよ！
あの…
よかったら一緒に飲みませんか？
わっ
（イケメン！）
ますます魅力アップね
ウフフ
ooo

カラー診断シート（スプリング）

カラー診断シート（スプリング）

カラー診断シート（サマー）

カラー診断シート（サマー）

カラー診断シート（オータム）

カラー診断シート（オータム）

カラー診断シート（ウインター）

カラー診断シート（ウインター）

[監修] 榊原恵理（さかきばら えり）

ビューティリア　名古屋サロン

スペインへの留学後、販売・営業を経てパーソナルスタイリストに。
12歳差兄妹二児の母。仕事と子育てを優雅にこなすキャリアママ。
女性のみならず男性や、カップル、ファミリーの診断経験も多数。優しく朗らかな人柄が人気のスタイリスト。
ママでもおしゃれに可愛く働ける♡
スタイリスト養成講座の講師。

ビューティリア名古屋サロン ブログ
http://ameblo.jp/beauteria-eri/

[監修] 衣笠環（きぬがさ たまき）

ビューティリア　大阪サロン

恋婚活や仕事の願いを叶える
セルフブランディングのプロ。
全国にファンやリピーターが多く
予約がなかなか取れない人気スタイリスト。
雑誌ファッションページ監修依頼多数。
大手結婚相談所専属講師。
スタイリスト養成講座も大阪・東京で開催中！

ビューティリア大阪サロンブログ
魔女のおしゃれ美人養成講座♡
https://ameblo.jp/beauteria-osaka/

ビューティリアについて

『可愛いままで年収1000万円』（WAVE出版）の著者・宮本佳実さんが代表を務める、女性のためのスタイリングサロン。名古屋・大阪にサロンがある。パーソナルカラーや骨格タイプ診断、メイクレッスンやファッションコンサルティングなど、女性の魅力を引き出すメニューを豊富に取りそろえている。また、パーソナルスタイリストを目指す方のための、スタイリスト養成講座を各地で開講中。

ビューティリアHP　http://www.beauteria.jp/

[参考文献]

パーソナルカラーワークブック（BABジャパン）／働く女性のための色とスタイル教室（講談社）／あなただけの「似合う服」に出会うための骨格診断®（すばる舎）／骨格診断®とパーソナルカラー診断で見つける似合う服の法則（日本文芸社）／7つの骨格タイプで自分に似合う服がわかる（光文社）他

修　榊原恵理・衣笠環
ラスト　あきばさやか
丁・本文デザイン・DTP　田端昌良（ゲラーデ舎）
集　鈴木ひろみ（リベラル社）
集人　伊藤光恵（リベラル社）
業　津田滋春（リベラル社）
作・営業コーディネーター　仲野進（リベラル社）

集部　近藤碧・安田卓馬・尾本卓弥
業部　津村卓・澤順二・廣田修・青木ちはる・竹本健志・春日井ゆき恵・
持丸孝・榊原和雄
本書は2016年に小社より発刊した『似合う服の法則でずるいくらい美人にな
ちゃった！』を再編集し文庫化したものです

似合う服の法則で ずるいくらい美人になっちゃった！

2022年2月23日　初版

編　集　リベラル社
発行者　隅田　直樹
発行所　株式会社 リベラル社
〒460-0008　名古屋市中区栄3-7-9　新鏡栄ビル8F
TEL 052-261-9101　FAX 052-261-9134　http://liberalsya.com
発　売　株式会社 星雲社（共同出版社・流通責任出版社）
〒112-0012　東京都文京区水道1-3-30
TEL 03-3868-3275

　ISBN 978-4-434-29910-0　C2177

おしゃれカラーパレット

ミシン目に沿って切り取り、お財布などに入れておくとショッピングに便利！
※２つに折ると、キャッシュカードサイズになります。

SPRING

イエローベース

Key word　キュート　華やか
　　　　　クリア　フレッシュ

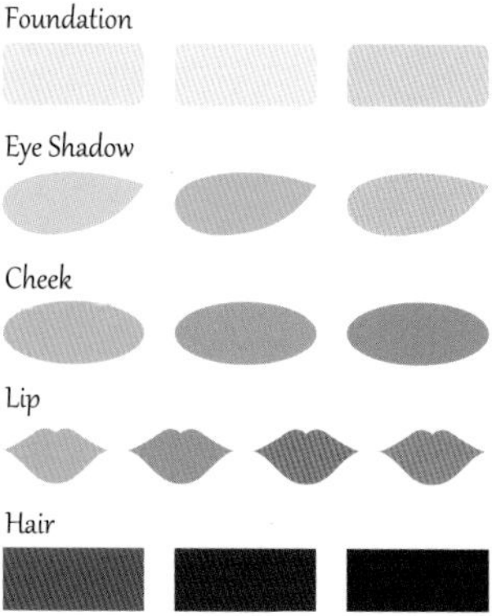

SPRING

イエローベース

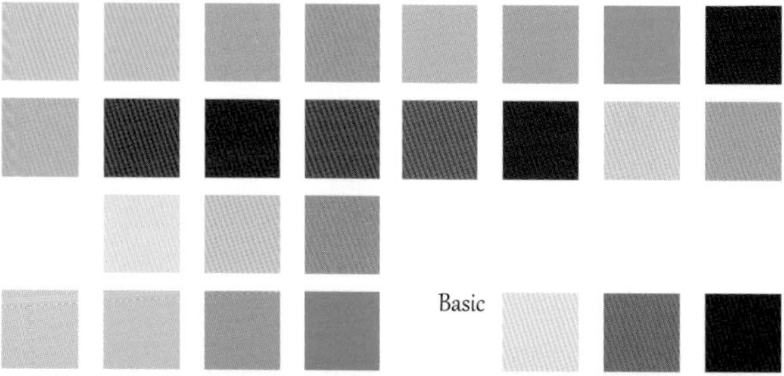

おしゃれカラーパレット

ミシン目に沿って切り取り、お財布などに入れておくとショッピングに便利！
※２つに折ると、キャッシュカードサイズになります。

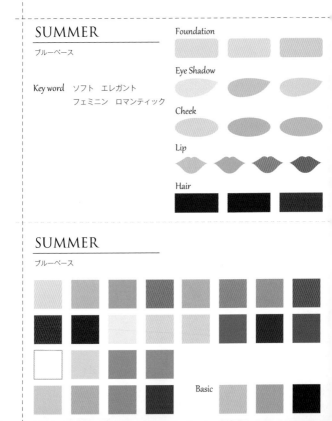

SUMMER

ブルーベース

Key word　ソフト　エレガント
フェミニン　ロマンティック

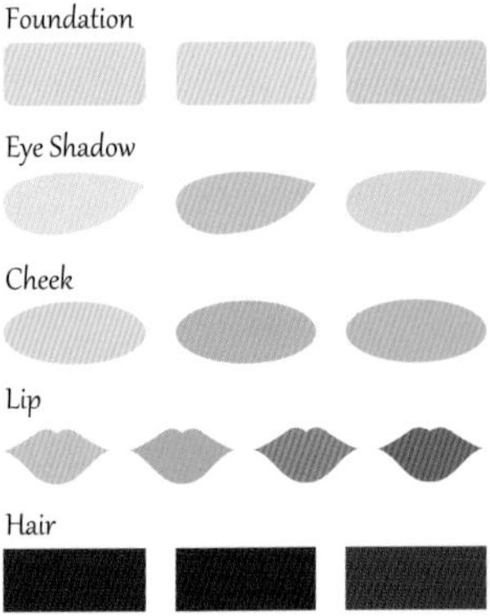

SUMMER

ブルーベース

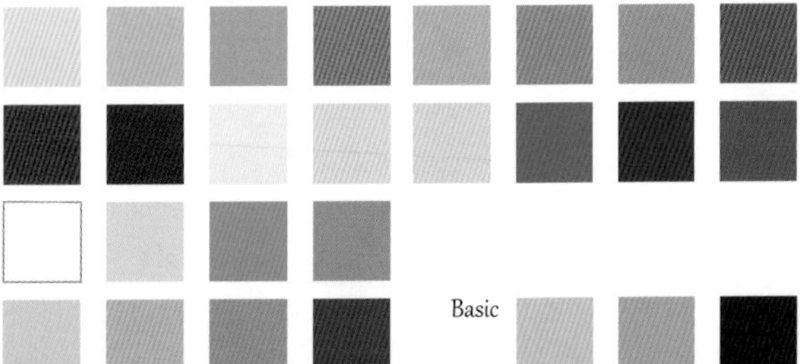

おしゃれカラーパレット

ミシン目に沿って切り取り、お財布などに入れておくとショッピングに便利！
※２つに折ると、キャッシュカードサイズになります。

AUTUMN

イエローベース

Key word　シック　ナチュラル
クラシック　フォークロア

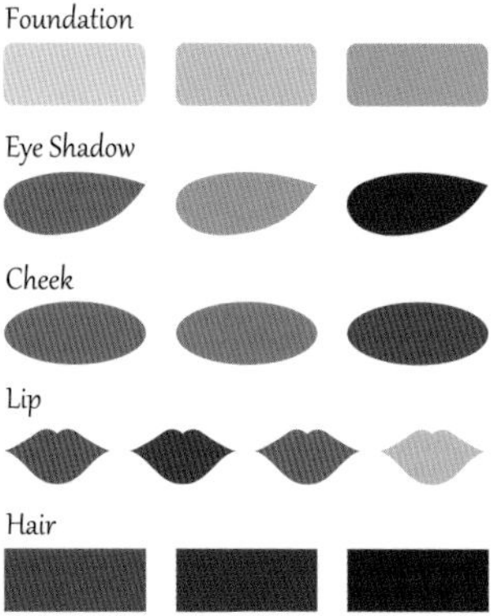

AUTUMN

イエローベース

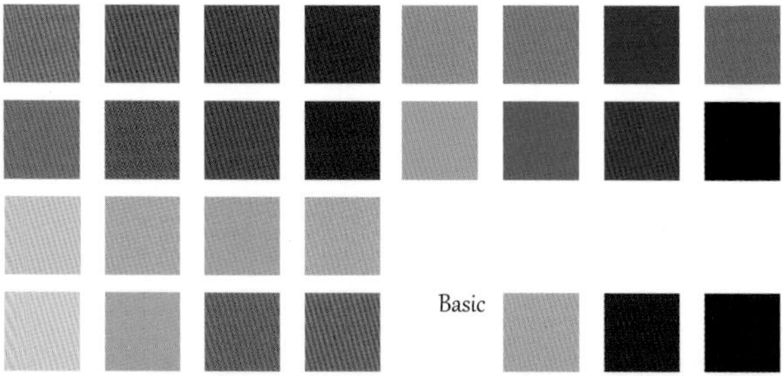

おしゃれカラーパレット

ミシン目に沿って切り取り、お財布などに入れておくとショッピングに便利！
※２つに折ると、キャッシュカードサイズになります。

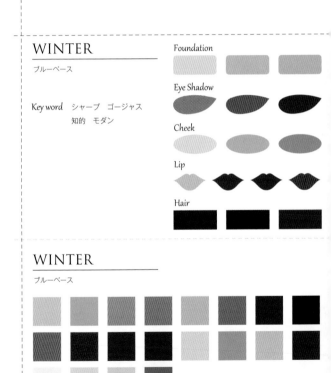

WINTER

ブルーベース

Key word　シャープ　ゴージャス
知的　モダン

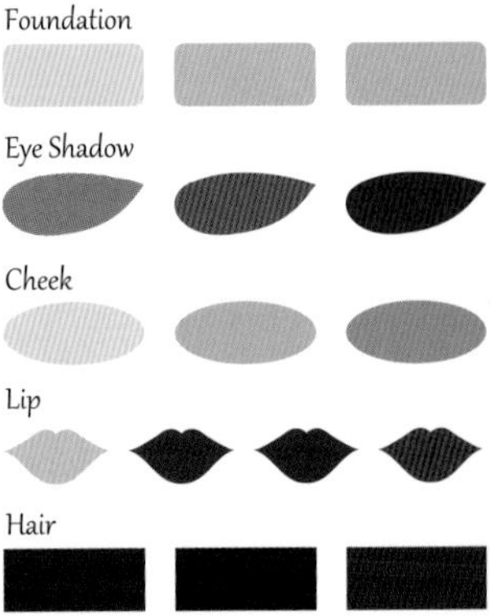

WINTER

ブルーベース

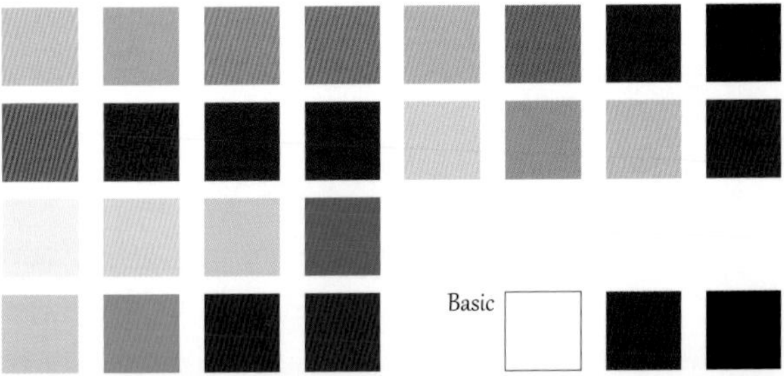